KB013142

어린이 지식 ⓔ -❻ 역사와 인물

초판 1쇄 발행 2014년 12월 11일
개정 1쇄 발행 2015년 8월 20일

지은이 | EBS지식채널ⓔ 제작팀

발행처 | 이비에스미디어(주)
발행인 | 김재근
기획 | EBS ⓔ MEDiA 장명선 · DKJS 성준명
글 | 최진   **그림** | 박은애   **편집** | 에듀웰

판매처 | ㈜DKJS
출판등록 | 2009년 11월 18일 (제2009-000323호)
주소 | 서울특별시 강남구 강남대로 84길 23, 1408-2호
문의 전화 | (02)552-3243   **팩스** | (02)6000-9376
이메일 | plus@dkjs.com

ISBN   979-11-86082-38-6 (64300)
ISBN   979-11-86082-43-0 (세트)

• 지식플러스는 EBS미디어와 DKJS가 공동으로 기획, 제작한 도서의 출판 브랜드입니다.
• 이 책의 내용을 무단 복제하는 것은 저작권법에 의해 금지되어 있습니다.
• 파본이나 잘못된 책은 구입하신 곳에서 교환해 드립니다.

생각하는 힘을 키워 주는 감.성.지.식.창.고.

역사와
인물

어린이 지식

e

6

EBS 지식채널ⓔ 제작팀

지식플러스

생각하는 지식ⓔ로,
역사적 교훈을 배우고 더 나은 내일을 꿈꿔요

지혜로운 사람이란 어떤 사람일까요? 어떤 문제든지 답을 알고 있는 사람일까요? 아니면 반대로 문제를 만들어 내는 사람일까요? 세상에는 답이 있는 문제가 많지만 정해진 답이 없는 문제도 많아요. 시대와 상황에 따라서 정답이 달라지는 문제도 있고, 사람에 따라 정답이 달라지는 문제도 있지요.

하지만 확실한 건 우리가 앞으로 살아갈 세상은 정해진 답을 따라가기보다 새로운 답을 찾거나 만들어 가는 세상이라는 거예요. 때문에 우리에게는 '세상을 보는 새로운 눈'이 필요해요. 정해진 답을 많이 아는 것보다 상황에 구속되지 않는 열린 사고로 생각하는 힘을 길러야 해요. 우리가 당연하다고 생각했던 것에 '왜?', '어떻게?'라는 질문을 던질 수 있으니까요, 열린 생각으로 새로운 답을 만날 수 있도록 도와주는 성찰적인 지식이 더욱 필요한 거지요.

EBS 〈지식채널ⓔ〉는 5분 분량의 영상을 통해 성찰적 지식을 제공하는 정보 프로그램이에요. 처음에는 성인들을 대상으로 제작되었지만 프로그

램에 대한 관심은 나이를 가리지 않고 생겨났어요. 고정 관념에 구속되지 않는 열린 사고력을 길러 주고 싶은 부모들을 통해서, 교사들을 통해서 많은 어린이들이 〈지식채널ⓔ〉를 만나고 있지요. 실제로 많은 초등학교에서 〈지식채널ⓔ〉를 수업 자료로 활용하고 있어요. 이를 위한 초등 교사들의 연구 모임이 따로 있을 정도라고 하네요.

하지만 안타까운 점도 있어요. 어린이들의 입장에서는 〈지식채널ⓔ〉를 접할 때 배경 지식이나 정보가 부족한 경우가 많아요. 아무리 좋은 내용이라도 이해하기에 어려움이 있다면 제대로 익힐 수 없겠죠. 때문에 〈지식채널ⓔ〉 제작팀과 여러 전문가들이 머리를 맞댔어요. 어린이들이 〈지식채널ⓔ〉를 쉽게 이해할 수 있도록 하기 위해서 쉬운 글과 관련 정보를 재미있게 보여 주는 〈어린이 지식ⓔ〉가 만들어졌어요. 방송에서 보여 준 내용을 어린이들의 눈높이에 맞춰 흥미롭게 재구성한 책이에요.

〈어린이 지식ⓔ-역사와 인물〉에는 역사 속 중요한 사건과 인물들이 담겨 있어요. 〈지식채널ⓔ〉에서 방송된 신기하고 재미난 이야기에 역사적 자료와 해설을 덧붙여 이해하기 쉽도록 했지요.

여러분은 '역사란 무엇일까?' 생각해 본 적이 있나요? 인류는 무려 400만 년의 역사를 가지고 있어요. 400만 년은 까마득하게 먼 시간이지만 그 시간은 하루하루가 쌓여 만들어진 거랍니다. 그중에 특별한 사건 혹은 중요한 인물이 만들어 낸 '변화'를 기록해 '역사'라는 이름을 붙인 거지요.

역사가 중요한 이유는 우리의 삶에 큰 영향을 미치기 때문이에요. 우리가 사는 세상의 제도와 규칙, 문화는 모두 오랜 역사 속에서 만들어진 것이에요. 느끼든 느끼지 못하든 우리는 역사 속에서 살아가고 있지요.

흔히 '역사를 거울삼다.'란 말을 하는데, 이는 역사를 본받으며 실수를 반복하지 않아야 한다는 뜻이에요. 때문에 역사를 아는 것은 매우 중요해요. 어린이 여러분도 이 책을 통해 역사를 배우며 자신만의 교훈을 찾아가 보세요. 틀림없이 오늘보다 나은 내일을 만들 수 있을 거예요.

목차

인류 문명의 탄생

문명이
시작되다

01 직립 보행이 인류에게 준 선물, 〈도울 수 있는 손〉

★ 직립 보행 후 인류에게 생긴 일

인류는 걷기 시작하면서 척추 질환을 앓기 시작했고
아이를 낳을 때 극심한 통증을 느껴야 했다.
그 대신 다른 사람에게 내밀어 도움을 줄 수 있는 손이 생겼다.
직립 보행 후 달라진 인류의 생활에 대해 알아보자.

기원전 400만 년에

직립 보행이 가능한 최초의 인류가

지구상에 등장했다.

직립 보행을 하게 되면서

인간이

얻은 것과 잃은 것은 무엇일까?

직립 보행 : 다리를 사용해
허리를 꼿꼿이 펴고 걷는 것

그리고

가장 좋은 점은 무엇이었을까?

 꼭 두 손이 있어야만 할 수 있는 일은 무엇일까요?

직립 보행으로
인간은

도구의 사용,
언어의 발달,
생산력의 증대

그리고
두뇌의 급격한 성장 등

많은 이점이 생겼다.

하지만

허리를 세워
중력을 거스르게 된 인간의 몸에서
걸을 때마다 수없이 반복되는
뒤틀림

컵과 접시 24개를
교대로 쌓아올린 것과 같은
불안정한 모양의 척추에서 발생하는
다양한 질병들

그리고
심장과 항문의 높이가 비슷한
네발 동물에게는 없는
치질의 발병 등……

인류가 잃은 것도 많다.

치질 : 항문 안팎에 생기는
질병을 통틀어 이르는 말

무엇보다
직립 보행이 가져다 준 가장 큰 고통은

새로운 인간이 세상에 나올 때마다
반복되는
출산의 고통.

영장류 : 척추 동물에 속한 포유류 중 가장
진화한 군으로 원숭이와 인류가 이에 속한다.

영장류 중 가장 작은 골반에
가장 큰 머리를 가진 인간

아기가 좁은 산도를 빠져나오기까지
산모도 아기도 극심한 고통을 느껴야 한다.

산도 : 분만 시 태아가 산모의
몸 밖으로 나갈 때 지나는 길

여기서 끝이 아니다.

머리부터 세상에 나오는 아기를
산모 혼자 빼내려 하다가는
아기의 목이 부러질지도 모른다.

세상에 나온 아기를 안전하게 받아
엄마 품으로 데려갈 때
꼭 필요한 것은?

바로
누군가의 손.

사람의 몸은 구조적으로 누군가의 도움이 필요하다.
모든 영장류 중 홀로 출산할 수 없는 종은 인간뿐이다.
_(캐런 로젠버그, 인류학자)

15

그렇게 직립 보행 후

인간은 태어나는 순간부터
누군가의 도움이
필요하게 되었다.

"아기와 연결된 탯줄을 자르고
무사히 엄마에게 건네 주는
누군가의 손이 없었다면
이토록 많은 인류가 무사히 태어나
살아가지 못했을 것이다."

16

그런데 그 누군가의 손,
다른 사람에게 도움을 줄 수 있는 손도
직립 보행으로 생긴 것이다.

그렇다.
직립 보행이 인간에게 선사한
가장 큰 선물은 다름 아닌
'누군가를 도울 수 있는 자유로운 손'

우리는 오늘도 손을 써서
누군가에게 도움을 주고,
누군가에게 도움을 받으며
더불어 살아간다.

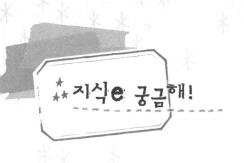
인류의 탄생

인류의 탄생에 관한 신비는 화석으로 발견된 사람 뼈를 연구하며 밝혀지기 시작했어요. 화석이란 고생물의 뼈나 활동 흔적 등이 퇴적물에 남아 있는 것을 말해요. 화석을 통해, 약 38억 년 전부터 인류의 역사가 시작된 약 1만 년 전까지 살았던 고생물들의 모습을 확인할 수 있지요.

오늘날까지 이루어진 연구에 따르면 인류는 약 400만 년 전에 나타나 원인(猿人)에서 원인(原人), 구인, 신인 순으로 진화했다고 해요. 최초의 인류인 원인(猿人)은 아프리카에서 살았으며 점차 세계로 퍼져 나갔다고 해요.

인류의 진화

최초의 인류라고 할 수 있는 가장 원시적인 인류는 원인(猿人)으로 오스트랄로피테쿠스가 여기에 속해요. 오스트랄로피테쿠스는 키가 아주 작았으며 두 다리로 직립 보행을 했어요. 돌로 만든 간단한 도구를 사용했으며 나무 위에서 생활했어요. 뇌의 크기는 대형 유인원과 같았거나 약간 더 큰 정도예요. 이후에 나타난 호모 하빌리스(Homo habilis)도 원인(猿人)에 속하는데 보다 정교한 도구를 사용했어요.

두 번째로 나타난 인류는 원인(原人)이에요. 자바원인, 북경원인, 하이델베르크인(Heidelberg man) 등의 호모 에렉투스(Homo erectus)가 여기에 속

해요. 호모 에렉투스는 현재의 직립 자세를 거의 완성했어요. 뇌의 크기는 원인(猿人)보다 조금 커졌어요. 정교한 석기와 불을 사용했고, 이동을 했던 최초의 인류로도 여겨지고 있어요. 주먹도끼나 돌칼 등을 만들었지요.

세 번째로 나타난 인류는 구인이에요. 네안데르탈인(Neanderthal man)이 대표적으로 여기에 속해요. 네안데르탈인은 뇌의 크기는 현대인과 비슷하고 동굴 생활을 했어요. 언어를 사용하고 석기와 불을 이용해 채집과 수렵 활동을 하는 등 중기 구석기 문화를 가지고 있었어요. 죽은 사람을 매장한 흔적도 있어요.

마지막으로 나타난 인류가 오늘날의 인류와 같은 모습의 신인이에요. 크로마뇽인(Cro-Magnon man) 등이 여기에 속해요. 크로마뇽인은 호모 사피엔스 사피엔스(Homo sapiens sapiens)에 속한 인류로 아주 정교한 도구를 사용하고, 동굴에 벽화도 그렸어요. 후기 구석기 문화를 발전시켜 목축과 농경이 가능한 신석기 문화를 만들었지요.

고릴라와 사람의 다른 점은?

사람을 다른 동물과 구별해서 인류라고 해요. 인류는 영장류에 속하는데, 영장류는 원류, 유인원류, 인류로 나뉘어요. 인류의 역사를 볼 때 최초의 인류인 원인(猿人) 이전에는 영장류인 유인원으로 거슬러 올라갈 것으로 추정해요. 유인원(類人猿)에는 동물 중 인간의 모습과 가장 비슷한 고릴라, 침팬지, 오랑우탄 등이 있어요. 유인원이 원숭이류와 다른 것은 꼬리가 없는 점이에요.

학자들은 인류의 조상인 원인(猿人)이 유인원과 거의 비슷했을 거라고 추측해요. 하지만 공통점은 많지만 같지는 않아요. 원인과 유인원은 서서 걸을 수 있고, 손을 사용할 수 있으며, 시야가 발달된 눈을 가진 점이 같아요. 그리고 커다란 뇌와 완전한 직립 보행 그리고 언어와 불, 도구를 사용한 점은 유인원과 구별되는 인류만의 특징이지요. 이를 바탕으로 인류는 숲을 나와 넓은 세상을 개척하고 지배했으며, 공동으로 사회를 이루어 살게 되었답니다.

02 문명의 진보가 시작되다, 〈1의 진화〉

★ 숫자, 그 위대한 탄생에 관한 이야기

수를 세거나 셈을 할 때 누구나 쉽게 사용하는 숫자.
그러나 인류가 숫자를 만들어 사용하게 된 것은
긴 인류 역사에서 극히 짧은 기간이다.
획기적으로 문명을 진보시킨 숫자의 탄생에 대해 알아보자.

"당신의 가족은 몇 명인가요?"
"하나, 둘, 많아."

호주의 원주민 왈피리 부족의
수에 대한 언어는
'하나, 둘, 많다' 뿐이다.

★★ 왈피리 부족 : 호주의
원주민으로 왈피리 어를 사용함.

3만 년 동안
같은 부족끼리만 생활해 온
왈피리 부족은
3 이상의 수를 알지 못했다.

가르치고 배우지 않으면
알 수 없는 어려운 개념,
수!

숫자의 사용은 어떻게 시작됐을까?

 나는 언제부터 숫자를 사용하기 시작했나요?

현재 사람들은 일상생활 곳곳에서
너무도 자연스럽게 숫자를 사용한다.

하지만 인간이 셈을 하기 시작한 때는
인류 400만 년의 역사 중
고작 2만 년 전

숫자의 사용으로
인류의 위대한 진보가 시작됐다.

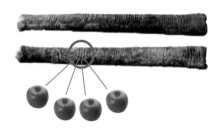

1960년 콩고에서 발견된

약 2만 년 전의 뼈 조각들

그 뼈에 새겨진 선들

사물 하나에

선 하나를 대응하는 방법으로

탄생한 숫자 1.

사람만이 가진 셈 능력이 발휘되기 시작했다.

그리고

★
★★ 버트런드 러셀(1872~1970) :
영국의 철학자 겸 수학자.
1950년 노벨 문학상 수상

양 두 마리와 돌 두 개에서

2라는 공통점을 발견하는 데 수천 년이 걸렸다.

그리고 문명이 싹트기 시작했다.

_(버트런드 러셀, 수학자)

기원전 3500년경

인류 최초의 문명을 만들어 낸 수메르 인들은

풍부한 수확물을 정확히 나눌 수 있는

새로운 숫자를 고안해 낸다.

★
★★ 수메르 문명 : 현재의 이집트에
　　 해당하는 메소포타미아에서
　　 만들어진 문명

'작은 고깔 모양의 조각＝숫자 1'

식량의 수만큼 만들어진 조각을 활용하면서

더하고 빼는 셈이 훨씬 쉬워졌다.

그런데 세어야 할 수가 점점 많아지자
'묶음 개념'을 도입하기 시작했다.

'작은 동그라미 모양의 조각＝10개 묶음 하나'

즉, 밀단 13개는

작은 동그라미 조각 1개와

작은 고깔 조각 3개로 표현한다.

★
★★ 진법 : 수를 표기하는 방법.
　　 5개씩 묶어서 세는 오진법, 10개씩
　　 묶어 세는 십진법 등이 있다.

그렇게

인류는 자연스럽게 진법 개념을 받아들였다.

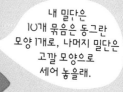

이후 거대 왕국이 생겨나면서
숫자의 진화에도 가속도가 붙는다.

기원전 3000년 이집트에서는
십진법에 기초해
일, 십, 백, 천, 만, 십만, 백만에 해당하는
기호를 만들어 사용한다.

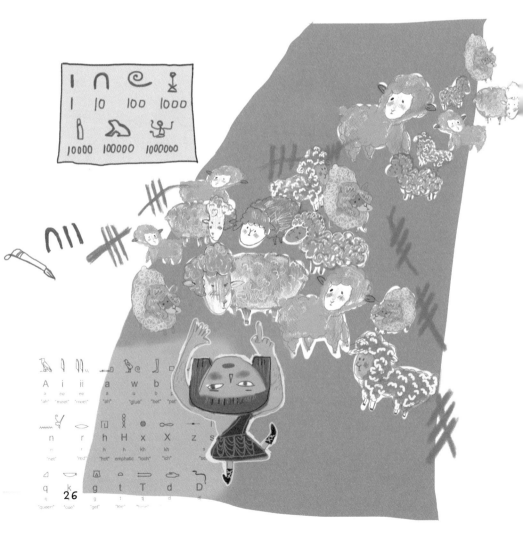

★
★★ 자릿수 : 자릿값. 똑같은 숫자라도
일의 자리, 십의 자리, 백의 자리 등
자리에 따라 수의 크기가 달라진다.

기원전 500년 로마에서는

1과 5의 자릿수가 달라지는 데 따라

새로운 기호가 만들어졌다.

로마 숫자　Ⅰ　Ⅱ　Ⅲ　Ⅳ　Ⅴ　Ⅵ　Ⅶ　Ⅷ　Ⅸ
　　　　　(1　2　3　4　5　6　7　8　9)

로마 숫자　X　XX　XXX　XL　L　C　D　M　V̄
　　　　　(10　20　　30　　40　　50　100　500　1000　5000)

그리고

Ⅰ, Ⅴ, X, L, C 는 각각 1, 5, 10, 50, 100을 의미하는데

작은 숫자가 큰 숫자 앞에 놓인

Ⅳ, Ⅸ, XL 등의 숫자는

큰 수에서 작은 수를 뺀 숫자를 나타낸다.

예를 들어

Ⅳ는 Ⅰ(1)이 Ⅴ(5) 앞에 있으므로 5-1=4

Ⅸ는 Ⅰ(1)이 X(10) 앞에 있으므로 10-1=9

그리고 15세기 말경
인도의 알파벳으로부터 진화한

인도-아라비아 숫자.

아라비아 상인들은
이 숫자를 유럽에 전파하고
유럽인들은 이 숫자를
조금씩 고쳐서 사용했다.

1, 2, 3, 4, 5, 6, 7, 8, 9, 10.

그렇게 우리가 지금 사용하는
쓰기 쉽고 계산하기 편리한
인도-아라비아 숫자가 탄생했다.

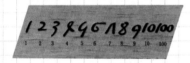

오늘날

전 세계에는 4000여 개의 언어가 존재하지만

숫자를 사용하여 수를 적는

공통적인 기수법은 오직 하나뿐이다.

숫자야말로 유일한 세계어이다.

29

수 세기의 진화

우리는 개수를 세고, 셈을 하고, 서열을 정할 때 자연스럽게 수를 사용해요. 이렇게 쉽고 간단하게 사용하는 수는 어떻게 생겨났을까요? 인류는 이 '간단한 수'를 알아내기까지, 사물과 수를 하나씩 대응하기까지 아주 오랜 시간이 걸렸어요. 인류가 처음 발견한 수는 1과 2였어요. 1은 하나를 뜻하면서 유일한 존재인 한 사람 또는 서 있는 사람을 상징했어요. 2는 둘을 나타내면서 나와 다른 누군가를 의미했어요. 그리고 1과 2 다음에 발견된 수는 '많다'였어요. 더 이상의 수를 모르던 인류는 '1'과 '2', '많다'만으로 수를 헤아렸지요.

인류가 진보하면서 수 세기도 발달했어요. 처음에는 사물과 사물을 짝짓는 것으로 시작했어요. 물건 하나에 돌멩이 하나씩 나열해서 헤아린다거나, 나무에 물건의 개수만큼 금을 그어 양을 헤아리는 거였지요. 수확물을 보관할 때에도 돌멩이나 나뭇가지를 사용해 수량을 표시하고 확인했어요. 예를 들어 과일의 수만큼 주머니에 작은 돌멩이를 넣어 두고, 과일을 먹을 때마다 그 수만큼 주머니에서 돌을 꺼내 버리지요. 그렇게 하면 과일이 얼마나 남아 있는지 주머니의 돌멩이만 보고도 알 수 있었어요. 또한 주머니 속 돌멩이보다 남아 있는 과일이 적은 경우 누군가 과일을 훔쳐 갔다는 것도 알아챘어요.

그리고 몸의 각 부위를 활용해 수를 세기도 했어요. 남태평양 뉴기니 섬의 파푸스 족은 신체 각 부위에 1부터 41까지의 수를 정해 놓고 그것을 이용해 수를 세었어요. 오른손 새끼손가락은 1, 오른손 넷째 손가락은 2, 입은 12, 왼발 새끼발가락은 41 이런 식이지요. 오늘날 우리가 사용하는 것과 같은 숫자는 없었지만 신체 부위를 이용해 꽤 큰 수까지 세고 셈을 할 수 있었어요.

인도-아라비아 숫자

우리가 사용하는 인도-아라비아 숫자는 4세기 무렵 인도 지역에서 생겨났어요. 인도인들은 실생활에서 셈에 밝았는데, 오늘날의 수 계산의 기초 개념인 자릿수, 진법 등을 사용하고 있었어요. 우리는 계산기가 없어도 종이와 연필만 있으면 간단한 계산은 할 수 있어요. 심지어 필기도구 없이도 암산을 할 수도 있지요. 어떻게 이런 일이 가능할까요? 바로 계산에 필요한 십진법이나 자릿수의 개념들이 머릿속에 정리돼 있기 때문이에요. 이러한 개념을 만든 이들이 인도인들이에요.

그런데 인도의 숫자와 수 개념을 이용하고 전파시킨 것은 아라비아 인이었어요. 주로 무역을 하던 아라비아 인들은 숫자와 편리한 계산법이 필요했는데 인도의 것을 받아들인 것이지요. 이미 8세기에 중동 지역을 지배하던 아랍 제국은 인도의 숫자와 0에서부터 9까지 10개의 숫자를 활용한 십진법, 자릿수의 원리, 계산법 등을 활용했어요. 그리고 10세기 무렵 이 수가 유럽으로 전해지면서 우리가 흔히 사용하는 인도-아라비아 숫자가 확립된 거예요.

가장 오래된 수학 책

현재까지 남아 있는 가장 오래된 수학 책은 〈플림프톤 322〉, 〈모스크바 파피루스〉, 〈린드 파피루스〉 순이에요. 〈플림프톤 322〉는 약 4000년 전에 메소포타미아의 고대어인 바빌로니아 어로 쓰인 수학 점토판이에요. 내용을 보면 그 당시에 '피타고라스 정리'에 대해 알고 있었음을 파악할 수 있대요. 〈모스크바 파피루스〉는 기원전 1850년경에 이집트에서 만들어졌어요. 254개의 문제가 실려 있는데 해답은 있지만 보편적인 정리나 법칙은 써 있지 않아요. 산수 표를 빼고는 모두 실용적인 응용문제예요. 〈린드 파피루스〉는 기원전 1650년경에 이집트에서 만들어진 것으로 일상생활과 관련된 내용으로 구성돼 있어요.

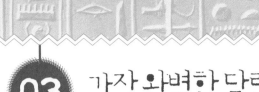

03 가장 완벽한 달력을 위하여
〈사라진 열흘〉

★ 지금과 같은 달력은 언제, 어떻게 만들어졌을까?

씨 뿌릴 시기와 홍수가 닥칠 때를 알기 위해 만들기 시작한 달력.
그러나 인류는 16세기에 들어서야 1년이 정확히 며칠인지를 알았다.
그 후로 완벽한 달력을 만들기 위해 겪었던
수많은 시행착오들을 살펴보자.

1582년 로마

10월 4일
하루가 저물고
맞이한 다음 날
10월 15일.

4일 다음 날이 5일이 아닌 15일?

"열흘은 어디로 사라졌지?"

 봄, 여름, 가을, 겨울, 시간의 변화를 어떻게 느끼나요?

"씨는 언제 뿌려야 하지?"
"다음 홍수는 언제 또 닥쳐올까?"

1만 년 전
농경 생활이 시작되면서 생겨난 다양한 궁금증

답을 얻기 위해 시작된
해, 달, 별, 식물 등
자연 변화에 대한 관측

그렇게
인류는 규칙적인 자연의 순환을 발견한다.

사람들은

낮과 밤을 통해 하루가 지난 것을 알고

달의 모양을 보고 한 달이 지난 것을 알고

같은 계절이 돌아오는 것으로 1년이 지난 것을 안다.

그중에서도

시간의 흐름을 눈으로 볼 수 있게 해 주는 달,

달은 달력을 만드는
가장 중요한 기준점이 된다.

기원전 3000년 이집트 인들은

달의 변화 주기 29.53일을 근거로

1년을 12개월,

한 달을 30일로 정했다.

그 결과 1년은 360일밖에 되지 않았다.

★
★★ 공전 주기 : 한 천체가 다른 천체의
주위를 한 바퀴 도는 데 걸리는 시간

그래서

지구의 공전 주기 약 365일과

5일 정도 차이가 나기 때문에

해가 계속될수록

점차 계절의 변화와 어긋나는 달력.

이러한 문제를 해결하기 위해 등장한

13번째 달, 윤달.

★
★★ 윤달 : 윤년에 추가된 달.
달력의 계절과 실제 계절과의 차이를
조절하기 위해 날짜가 추가된 달

달력의 계절과

실제 계절과의 차이를 조절하기 위해

임의적으로 추가된,

 5일밖에 없는

13번째 달을 만들었다.

그 당시 로마에서는

신관들에 의해

기준이나 원칙 없이 시행되던 윤달

더 많은 세금을 걷기 위해

윤달을

제멋대로 넣기도 빼기도 했다.

신관 : 신을 받들어 모시는
일을 맡은 관직

이를 개혁하고자 새롭게 등장한

율리우스 달력

★★ 율리우스 달력 : 로마의 집정관
율리우스 카이사르가 기원전 46년에
이집트의 천문학자 소시게네스의
의견에 따라 개정한 달력

기원전 46년
태양의 움직임을 기준으로
365.25일을 1년으로 정하고

3년간은 365일로,
4년째는 윤년으로 366일로 하였다.

율리우스 달력은 급속히 보급돼
유럽에서 가장 일반적인 달력이 됐다.

그러나 16세기
새롭게 밝혀지는 자연의 시간!

1년은
365.25일이 아닌
365.2422일.

새로 밝혀진 자연의 시간과

율리우스 달력과의 차이

0.0078일＝약 11분 14초

아주 사소한 차이

하지만 128년이 지날 때마다

늘어나는 하루

1582년

로마 교황인 그레고리 13세는

그동안 늘어난 날짜 때문에 잘못된 달력을

바로잡기 위해

10월 4일 다음 날은 10월 15일로 하고

유럽의 달력에서

열흘을 사라지게 한다.

그럼에도 불구하고
조금씩 느려지는
지구의 공전 속도 때문에

1000년이 흐를 때마다
지구의 자연 현상과 달력 사이에는
5초의 틈이 벌어진다.

영원히 사라지지 않는
자연의 시간과 달력의 틈

오차의 한계와 싸워 온
달력의 역사.

시간의 흐름을 나타내는 달력

태양을 중심으로 한 지구의 공전과 자전 그리고 지구를 중심으로 한 달의 공전으로 인해 낮과 밤, 계절, 일 년 등의 흐름이 나타나요. 사람들은 농사를 짓게 되면서 계절의 변화나 홍수 등의 시기를 예측하기 위해 시간의 흐름을 관찰하기 시작했어요. 실제로는 지구가 태양의 주위를 도는 것이지만 지구의 입장에서 보면 태양이 뜨고 지는 것처럼 보여요. 사람들은 매일 뜨고 지는 태양과 달을 관찰했어요. 특히 달은 날마다 모습이 변하기 때문에 눈으로 직접 관찰하기 쉽고, 변화가 매우 주기적이어서 시간의 흐름을 구분하기에 적합해요. 그래서 달의 변화를 더욱 세밀하게 관찰했지요. 그렇게 시간의 흐름을 파악해서 만든 달력은 농사일에도 매우 유용하게 활용되었어요.

고대 이집트의 달력

기원전 3000년 이전부터 고대 이집트 인들은 나일 강을 터전으로 문명을 꽃피웠어요. 그들은 나일 강이 흘러넘치는 때를 예측하기 위해 노력했어요. 그러던 중 큰 홍수가 난 뒤 다음 홍수가 날 때까지 약 365일 정도 걸린다는 것을 알아냈지요. 이것으로 365일을 1년이라는 시간으로 정하게 되었어요.

고대 이집트 인들은 1년을 작은 단위로 나눌 때 계절을 기준으로 삼았어요. 첫 번째 계절은 현재의 7월에서 10월로 나일 강이 넘치는 시기, 두 번째 계절은 11월에서 2월로 씨 뿌리기와 성장의 시기, 세 번째 계절은 3월에서 6월로 추수를 하는 시기로 잡았지요. 현재 우리의 4계절과는 차이가 있지만 고대 이집트

인들은 3개의 계절로 충분하다고 생각했어요.

그런데 고대 이집트 인들에게 1년 365일을 3계절인 셋으로 정확하게 나누는 것은 어려운 일이었어요. 그래서 30일을 한 달로 정하고 12개월을 만드니 360일이 포함됐어요. 나머지 5일은 어떻게 했을까요? 그들은 5일만으로 13번째 달, 즉 윤달을 만들었어요. 윤달에는 축제를 벌이며 신들에게 제사를 지냈지요. 그런데 세월이 흐를수록 계절과 달력이 어긋나기 시작했어요.

그리하여 고대 이집트 인들은 태양을 기준으로 관측한 1년이 365일보다 조금 길다는 것을 알아냈어요. 그래서 365일을 기준으로 했을 때 4년이 흐르면 1일 정도의 오차가 생기는 거였지요. 때문에 시간이 흐르면 흐를수록 계절의 변화와 맞지 않는 달력이 되는 거였어요.

윤년을 도입한 율리우스 달력

기원전 246년 왕위에 오른 이집트의 프톨레마이오스 3세(BC 264~BC 221)는 달력의 개혁에 나섰어요. 기원전 238년에 5일로 이루어진 13번째 달력을 고쳤지요. 4년마다 13번째 달력의 날수를 하루 늘린 윤년을 도입한 거예요. 이로써 달력과 계절이 어긋나는 잘못을 바로잡을 수 있었어요. 하지만 당시 이집트의 신관들은 이 달력을 좋아하지 않아 일반인들에게 널리 보급하지 않았어요.

윤년을 도입한 달력이 널리 쓰이도록 한 사람은 고대 로마의 율리우스 카이사르(BC 100~BC 44)예요. 카이사르는 이집트와 전쟁을 하던 중에 이집트의 천문학자 소시게네스를 만나 그의 조언대로 달력을 개혁했어요. 이전까지 로마에서는 제사장들이 윤달을 제멋대로 적용해 1년의 날수가 들쑥날쑥했어요. 카이사르는 이러한 불규칙한 날수를 조정해 먼저 1년을 365.25일로 정하고, 달수는 12개월로 했어요. 그리고 3년 동안은 평년으로 365일, 1년은 윤년으로 366일이 되도록 했지요. 즉, 4년마다 돌아오는 윤년에는 2월을 하루 늘린 거예요. 이 달력은 율리우스 카이사르의 이름을 넣어 율리우스 달력으로 불린답니다.

04 2000년의 진리를 뒤집은 〈교수의 장난감〉

★ '지구가 태양 주위를 돈다.'는 것을 밝혀낸 갈릴레이

지구가 우주의 중심이라는 잘못된 학설을 누구도 뒤집지 못하던 시절
손수 망원경을 만들어 하늘을 올려다보았던 갈릴레오 갈릴레이.
자신이 직접 관측한 것을 바탕으로,
새로운 진리를 밝혀낸 갈릴레이의 이야기를 들어 보자.

1608년

네덜란드에 기발한 장난감 출현

"이 장난감은 저 멀리 있는 작은 것을
눈앞으로 데려옵니다!"

하지만 장난감의 정체는
한 안경 상인이
기다란 파이프 양쪽에
안경알 두 개를 끼운 것이 전부.

그런데 이 장난감이
우주를 새롭게 보는 귀중한 물건이 된다.

 별의 움직임을 자세히 관찰해 본 적은 언제인가요?

장난감으로

희미한 데다 찌그러져 보이는

겨우 2배 정도로 확대된 사물을 본 사람들은

속았다며 혀를 찼다.

그러나

장난감에 흥미를 보이는 한 사람

45세의

이탈리아 피사대학교 수학과 교수

갈릴레오 갈릴레이.

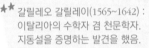

★★ 갈릴레오 갈릴레이(1565~1642) :
이탈리아의 수학자 겸 천문학자.
지동설을 증명하는 발견을 했음.

갈릴레이는

이 장난감이 빛의 굴절 원리에 의해

만들어졌다는 것을 알아냈다.

그리고 스스로 장난감을 발전시켰다.

60배 확대

400배 확대

1000배 확대

★
★★ 굴절 : 휘어서 꺾이는 현상

★
★★ 망원경 : 멀리 있는 물체를 확대하여
크고 정확하게 보이도록 만든 장치

갈릴레이는 굴절 원리를 이용해

물체를 1000배나 확대해서 볼 수 있는

'훌륭한 기구'를 직접 만들어 냈다.

바로 망원경.

9배 확대

60배 확대

400배 확대

1000배 확대

갈릴레이가 손수 성능을 개조한 망원경으로
보았던 것은?

머리 위 세상,
대다수 사람들이 보고자 하지 않았고
볼 필요도 없다고 생각했던 하늘.

"우주의 중심은 지구이다. 지구는 움직이지 않고
태양을 비롯한 모든 행성은 오로지 지구 주위를 돈다.
모든 별은 신이 창조했으므로
그 표면은 완벽한 구이며 수정처럼 매끈하다."

그때까지 누구나 믿고 있었던 진리,
천동설.

★★ 천동설 : 우주의 중심은 지구이고,
　　모든 천체는 지구의 둘레를 돈다는 학설

하지만 갈릴레이가 망원경을 통해 본 달은
전혀 매끈하지 않았다.

"달은 울퉁불퉁하다.
지구처럼 산맥과 골짜기가 있기 때문이다."

그리고 놀랍게도
지구가 아닌 목성 주위를 돌고 있는
4개의 위성을 발견했다.

★★ 목성 : 태양에서 다섯째로 가까운
행성으로 태양계에서 가장 큰 행성

1609년 8월 24일
갈릴레이는
베네치아의 귀족들에게
자신이 보았던 하늘을 보여 준다.

"우주의 중심이 지구가 아니라고?
거짓말!
망원경 안에 헛것이 보이는
장치를 했겠지!"

★
★★ 베네치아 : 이탈리아 북부
아드리아 해 북쪽 해안에 있는
항구 도시

그러나 갈릴레이가 의심한 건
자신의 두 눈도 망원경도 아닌
수 세기 동안 의심 없이 믿어 왔던
우주의 중심이 지구라는 학설.

"나는 내가 직접 보고
경험한 것만을 믿는다.
태양은 우주 혹은 태양계의 중심에 있고
나머지 행성들은 그 주위를 공전한다."

모두가 비웃었던 장난감, 망원경.
모두가 비웃었던 교수, 갈릴레오 갈릴레이.

그러나 인간에게
우주의 진짜 법칙을 가르쳐 준 도구
망원경,

지동설 : 지구가 자전하면서
태양의 주위를 돈다는 학설

지구가 자전하며 돈다는
지동설을 알린
갈릴레오 갈릴레이.

지동설을 최초로 주장한 코페르니쿠스

중세 유럽에서는 지구를 중심으로 '하늘이 움직인다.'는 천동설이 진리였어요. 신을 중심으로 한 종교의 이치가 최고의 진리로 받아들여지던 시대였기 때문에 누구도 천동설을 부정할 생각조차 못했어요. 폴란드의 천문학자 니콜라우스 코페르니쿠스(Nicolaus Copernicus, 1473~1543)가 지동설을 주장할 때까지 천동설은 절대적인 진리였지요. 지동설을 최초로 주장한 코페르니쿠스는 폴란드 서부의 토룬에서 태어났어요. 10세 때 아버지가 돌아가시자 주교인 외삼촌 밑에서 자랐어요. 학문에 관심이 많은 외삼촌의 영향으로 어려서부터 천문학에 관심을 가졌고 수학과 관측 기술에도 흥미를 느꼈어요. 그리고 1512년 성당의 신부가 되고서도 옥상에서 별을 관측하며 천문학을 연구했지요. 코페르니쿠스는 오랫동안 별을 관측하며 천문학을 연구한 끝에 지금까지 알고 있던 천문학의 학설이 실제와는 다르다는 것을 알아냈어요.

그리고 30년의 연구 끝에 〈천체의 회전에 관하여〉라는 책을 발표했어요. 이 책에서 코페르니쿠스는 태양이 우주의 중심이라고 밝혔어요. 그리고 지구가 태양을 중심으로 공전 운동을 하고 있고, 약간 기울어진 상태로 스스로 도는 자전 운동도 하고 있다고 주장했지요. 쉽게 말해 "태양이 우주 혹은 태양계의 중심에 있고 나머지 행성들은 그 주위를 공전한다."라고 한 거예요.

당시 이러한 주장은 종교의 원리를 부정한 것으로 생각돼 큰 비난과 벌을 받을 수 있는 상황이었어요. 때문에 코페르니쿠스는 서문에 "이 책 속의 이론이 행성의 진정한 운동을 설명하지 않을 수도 있으며, 행성의 위치를 추측해서 만들어 낸 가설일 뿐"이라고 썼다고 해요.

목성의 위성을 발견한 갈릴레이

 갈릴레오 갈릴레이(Galileo Galilei, 1565~1642)는 이탈리아의 수학자이자 천문학자예요. 갈릴레이는 코페르니쿠스가 지동설을 발표한 후 목성에 4개의 위성이 있다는 것을 관측했어요. 직접 제작한 망원경을 이용해 밤하늘을 관찰한 덕분이었지요. 그 당시에는 목성 주위를 도는 위성이 있다는 사실이 매우 놀라운 일이었어요. 여전히 많은 사람들이 믿고 있던 천동설에 따르면 하늘의 모든 별들은 지구 주위를 돌고 있어야 했으니까요. 그런데 갈릴레이가 지구가 아닌 목성 주위를 도는 별이 있다는 것을 발견했던 것이지요.

이후 갈릴레이는 코페르니쿠스가 주장한 지동설을 지지했다는 이유로 감옥에 갇히기도 했어요. 교황청으로부터 "지동설을 인정하지 말라."라는 압력을 받으며 집에서 갇힌 채 생활하기도 했어요. 하지만 갈릴레이는 압력에 굴하지 않고 자신의 책에 지동설을 지지하는 입장을 밝혔어요.

망원경의 발전

1608년 망원경을 처음 만든 사람은 네덜란드의 안경 제조업자 리페르트 하임이었어요. 그리고 망원경을 획기적으로 발전시킨 사람은 갈릴레이였지요. 볼록 렌즈와 오목 렌즈를 조합한 꽤 성능이 좋은 망원경을 만들어 인류 최초로 목성, 금성, 달 등을 관찰했어요. 이후 1611년에는 독일의 케플러(Johannes Kepler, 1571~1630)에 의해 두 개의 볼록 렌즈로 된 굴절 망원경이 만들어졌어요. 케플러는 2개의 볼록 렌즈를 대물렌즈와 접안렌즈로 사용해 배율을 높이고 시야도 넓혔지요. 하지만 여전히 밝은 별이나 행성 관측에는 어려움이 있었어요. 나중에 이런 점들을 보완해서 오목 거울과 평면거울을 사용한 망원경, 굴절과 반사 작용의 장점을 고루 갖춘 반사-굴절 망원경 등이 개발됐어요.

역사를 바꾼 인물들

역사의
중심에 서다

05. 나폴레옹은 과연 영웅일까?
〈두 개의 기록〉

★ 프랑스 혁명과 나폴레옹

프랑스 혁명 후 위기에 빠진 나라를 구해 영웅이 되었지만
스스로 황제가 되어 시민들을 실망시켰던 나폴레옹.
나폴레옹은 과연 영웅일까? 아닐까?
서로 다른 두 기록을 통해 나폴레옹에 대해 알아보자.

1804년 12월 2일

대관식이 열린 노트르담 대성당

귀족도 아닌

평민 출신의 프랑스 군인이었던

나폴레옹이

스스로 황제가 되던 날

노트르담 대성당 : 프랑스 센 강의
시테 섬에 자리한 유명한 대성당.
12세기 고딕 양식의 걸작으로 꼽힘.

누군가는 위대한 황제의 탄생을

누군가는 암울한 독재자의 탄생을

기록했다.

두 개의 기록 중 어느 것이 진실일까?

 내가 생각하는 나는 어떤 사람인지 말해 볼까요?

18세기 말 프랑스

혁명의 여파로

프랑스 인권 선언이 발표되고

왕이 없는 총재 정부가 들어서지만

급격한 변화로 사회는 여전히 혼란스러웠다.

총재 정부 : 프랑스 혁명 후 1795년부터
나폴레옹이 통령 정부를 구성한 1799년까지
존재한 프랑스 정부. 다섯 명의 총재로 구성

이때 총재 정부로부터

이탈리아 원정군 사령관으로 임명된

나폴레옹

원정군 : 먼 곳으로 싸우러
가는 군사나 군대

1796년 이탈리아에서 오스트리아군 격파

1797년 이탈리아 북서부 만토바 점령

1798년 이집트 원정에 나서 카이로 입성

1799년 원로원으로부터 제1통령으로 임명

그리고 1804년 12월

인민 투표로 황제에 즉위

이때 나폴레옹은

특별히 한 화가에게

대관식 그림을 그려 줄 것을 부탁한다.

⭐⭐ 대관식 : 국왕 또는 황제의 즉위식.
국왕의 머리에 왕관을 얹어서 왕위에
올랐음을 공표하는 의식

'자크 루이 다비드'

나폴레옹은 왜
다비드라는 화가를 지목했을까?

⭐⭐ 자크 루이 다비드(1748~1825) :
19세기 초 프랑스 화단에 유행했던
고전주의 미술의 대표 화가

다비드가

나폴레옹의 대관식이 있던 3년 전 완성했던 그림 한 점

'알프스를 넘는 나폴레옹'

알프스의 온갖 위험 앞에서

백마를 타고

위풍당당하게 군대를 지휘하는 영웅의 모습

그러나 당시 나폴레옹은

안전을 위해 부대가 먼저 넘어간 후에

노새를 타고 알프스를 넘었다.

사실과 달리 과장되게 그려진 그림

그러나 매우 흡족해 했던 나폴레옹.

역시 다비드가 그린

'나폴레옹 1세의 대관식'

밝은 빛 속에서
스스로 황제의 관을 쓰고
황후에게 관을 내리는 황제 나폴레옹
이를 축복하는 교황과 황제의 탄생에 들뜬 사람들.

"당신 덕분에 프랑스에
고상한 취향이 되살아났소."

나폴레옹은 이 그림 역시 극찬했다.

그러나

대관식을 묘사한 또 다른 화가의 그림

'프랑스 초대 황제 나폴레옹의 대관식 행렬'

유럽 각국 대표의 불만스러운 표정

병사들을 채운 족쇄

그리고 누군가는 이들을 줄 세우고 감독한다.

피에 젖은 정의의 검

탐욕스러운 뚱보 황후

잔뜩 부풀어 오른 황제 나폴레옹

이 그림의 화가는

제임스 길레이(1756~1815) : 영국 풍자
만화가로 비판적인 그림을 주로 그렸음.

영국의 풍자 만화가

'제임스 길레이'.

제임스 길레이가 묘사한 나폴레옹은
거대한 모자와 장화에 파묻힌
눈이 튀어나올 정도로 흥분한
난쟁이.

"이 그림을 프랑스로 들여오는 자는
재판 없이 감옥에 가두어라!
만약 내가 영국 침공에 성공한다면
그 화가를 찾아내겠다."

왕을 몰아내고 시민의 정치가 시작된 프랑스,
이를 견제하기 위해 쳐들어온 유럽 국가들을 격파한
나폴레옹.

유럽 원정을 지휘하며 프랑스의 국토를 넓혀 나가자
그는 곧 국민 영웅이 된다.

그러나 프랑스 혁명 후 10년여 만에
스스로 백성 위에 군림하는 황제가 된 나폴레옹
그를 지지하던 무수한 이들은
크나큰 실망과 분노를 느낄 수밖에 없었다.

1804년 12월 2일, 대관식에 대한
전혀 다른 두 개의 기록

나폴레옹을 지지했던 당대 최고의 화가
자크 루이 다비드

정치인들을 익살스럽고 신랄하게 묘사했던
제임스 길레이

★
★★ 신랄하다 : 사물의 분석이나
비평이 매우 날카롭고 예리하다.

누구의 기록이 과연 진실일까?

역사에서 사실은
순수한 사실 그대로 존재하지 않으며
또 존재할 수도 없다.
언제나 기록하는 이의 마음을 통해서
본래의 모습과 다르게 그려지는 것이다.

_(에드워드 카, 역사가)

★
★★ 에드워드 카(1892~1982) :
영국의 국제정치학자 겸 역사가

시민에 의한 프랑스 혁명

프랑스 혁명은 왕을 몰아내고 공화정을 이룩한 혁명이에요. 공화정이란 왕 한 사람이 아닌 여러 사람의 합의를 통해 나라를 이끌어 가는 정치를 말해요. 당시 프랑스 시민들은 부당한 세금 징수와 평민을 차별하는 신분 제도 때문에 큰 고통을 받고 있었어요. 왕과 귀족 그리고 성직자들이 시민들의 고통을 나 몰라라 하자 크게 분노했고 급기야 감옥을 습격하고 왕을 몰아낸 거지요.

시민 혁명이라 부르는 프랑스 혁명은 미국의 독립 전쟁에서도 영향을 받았어요. 1783년 영국령이었던 미국이 독립 전쟁을 통해 영국으로부터 독립했어요. 유럽 사람들은 미국 국민들이 스스로 국가를 이끌어 가는 데 큰 충격을 받았어요. 왕정 아래에서만 살아온 그들은 왕이 아닌 사람에 의해 국가가 운영되는 것에 놀랄 수밖에 없었고, 자신들도 할 수 있다는 용기를 얻었어요.

하지만 시민들의 바람대로 혁명 후 곧바로 민주주의와 같은 새로운 정치 체계가 도입되지는 않았어요. 서로 권력을 잡기 위해 죽고 죽이는 공포 정치가 시작됐고, 왕정이 사라지는 것을 원치 않는 주변 국가들이 쳐들어왔어요. 이때 다른 나라의 침입으로부터 프랑스를 지켜 내고, 주변국들을 무릎 꿇게 한 영웅이 나폴레옹이었어요.

군인 나폴레옹, 황제가 되다

나폴레옹(Napoleon, 1769~1821)은 프랑스의 귀족은 아니었어요. 프랑스 본토가 아닌 지중해 코르시카 섬에서 태어난 평민 출신이었어요. 15세에 파리 육군 사관 학교에 입학해 군인이 되었고, 1792년 가족과 함께 프랑스로 이주했어요. 1789년 프랑스 혁명이 일어난 후 1793년 그는 왕당파 반란을 진압하는 공을 세웠지요. 그리고 프랑스 혁명이 끝난 후, 주변 국가들이 프랑스에 쳐들어왔을 때 앞장 서서 용감하게 물리치자 나폴레옹의 인기는 하늘을 찔렀지요.

하지만 나폴레옹은 알프스 산맥을 넘어 오스트리아를 공격할 때 선두에 서서 부하들을 지휘하기보다 자신의 안전을 생각해 부하들보다 늦게 알프스를 넘었다는 말이 있어요. 게다가 나폴레옹은 군인의 자리에 만족하지 않는 야심가였어요. 프랑스 혁명 후 혼란기를 틈타 군대를 동원해 의회를 해산시키고 1799년 제1통령의 자리에 앉았지요. 그리고 5년 뒤에는 스스로 황제가 되었어요. 절대 왕정을 몰아내고 새로운 시대가 오기를 바랐던 사람들은 나폴레옹이 스스로 황제가 됐다는 소식에 몹시 분노하고 절망했답니다.

루이 16세와 마리 앙투아네트

프랑스 혁명 당시 왕이었던 루이 16세와 왕비 마리 앙투아네트는 단두대의 이슬로 사라졌어요. 루이 16세(Louis XVI, 1754~1793)는 폭군은 아니었다고 해요. 오히려 성품이 선량하고 프랑스 사회를 개혁할 생각까지 가지고 있었어요. 하지만 추진력이 부족해서, 자신들의 이권을 내놓기를 거부하는 귀족들과 성직자들을 설득하지 못했지요.

마리 앙투아네트(Marie Antoinette, 1755~1793)는 오스트리아 출신의 왕비였어요. 오스트리아와 프랑스 사이에 우호적인 관계를 유지하기 위해 프랑스로 시집을 오게 되었지요. 하지만 온갖 향락을 누리는 사치스러운 생활을 했기 때문에 프랑스 시민들은 그녀를 좋아할 수 없었어요. 앙투아네트는 프랑스 혁명 중 도망치다 분노한 시민들에게 붙들렸고 단두대로 향할 수밖에 없었답니다.

06 세계 최대 제국을 건설한 〈칭기즈 칸〉

★ 칭기즈 칸이 몽골 대제국을 이룩한 비결

세계에서 가장 강력한 리더십을 발휘했으며,
수많은 고난 속에서도 세계 최대의 제국을 건설한 칭기즈 칸.
그가 불굴의 의지를 가지고 대제국을 이룩할 수 있었던 비결을
'후대에게 남긴 말'을 통해 알아보자.

〈뉴욕 타임즈〉에서 선정한

'세계를 움직인 가장 역사적인 인물'

〈뉴욕 타임즈〉: 미국의 대표적인 일간지
〈포춘〉: 미국의 격주간 종합 경제지

〈포춘〉에서 발표한

'세계 500대 기업 CEO들이 뽑은

밀레니엄 최고의 리더'

〈워싱턴 포스트〉에서 선정한

'지난 1000년 동안 인류 역사에서

가장 중요한 인물'

〈워싱턴 포스트〉: 워싱턴
D.C.에서 발행되는 조간 신문

몽골인 칭기즈 칸.

칸 : 몽골 · 터키 등에서
최고 지배자를 부르던 말

칭기즈 칸은 어떤 인물일까?

 어려움에 처했을 때 가장 힘이 되었던 말은 무엇인가요?

"집안이 나쁘다고 탓하지 마라.
나는 아홉 살 때 아버지를 잃고 마을에서 쫓겨났다."

칭기즈 칸의 본명은 테무친,
그는 9세에 부족장이었던 아버지가
다른 부족에 의해 독살되자
자신의 부족으로부터도 버림받았다.

★★ 독살 : 독약을 먹이거나
독을 써서 사람을 죽임.

"가난하다고 말하지 마라.
나는 들쥐를 잡아먹으며 겨우 살아남았고,
내가 살던 땅에서는 시든 나무마다 비린내만 났다."

돌봐 주는 이 없이 남겨진
어머니와 동생을 돌보기 위해
테무친은 손수 풀뿌리를 캐고 물고기를 잡았다.

"작은 나라에서 태어났다고 말하지 마라.
내가 세계를 정복하는 데 동원한
몽골 병사는 적들의 100분의 1, 200분의 1에 불과했다."

17세에 아버지와 동맹 관계에 있던
다른 지역의 부족장으로부터 신뢰를 얻은 테무친은
아버지의 부하들을 다시 모으는 데 성공한다.

이후

★★
★★ 쿠릴타이 : 몽골 초기에 왕족과
장수들로 구성되던 부족장 회의

11개 몽골 부족을 통일하고
부족장 회의인 쿠릴타이에서
몽골 전체의 우두머리, 칸으로 추대된다.

"배운 게 없다고, 힘이 없다고 탓하지 마라.
나는 내 이름도 쓸 줄 몰랐으나 남의 말에 귀 기울이면서
현명해지는 법을 배웠다."

칸으로 추대된 그는
군대 및 정치 조직을 제대로 갖추고
법을 만들었다.

여러 나라를 정복하면서
유능한 인재를 부하로 삼았고
문화와 학문, 기술, 정보를 얻어
대제국 통치에 활용했다.

전쟁터에서 그는
병사들이 '테무친'이라고 부르는 것을 허락했고
병사들과 같은 옷을 입고 같은 음식을 먹으며
같은 천막에서 잠을 잤다.

이런 노력의 결과 몽골은
불과 70년 만에 중국까지도 지배하는
역사상 가장 큰 제국으로 성장했다.

"너무 막막하다고,
그래서 포기해야겠다고 말하지 마라.
나는 목에 형틀을 쓰고도 탈출했고,
뺨에 화살을 맞고 죽었다 살아나기도 했다."

평생을 전쟁터에서 보낸 칭기즈 칸
죽을 고비를 수없이 넘기며
그가 이룩한 것은

서하 : 11~13세기에 중국
서북부에서 티베트 계통의
탕구트 족이 세운 나라

1204년 몽골 고원 통일
1206년 서하, 금나라 정복
1223년 동서양에 걸친 대제국 건설

금나라(1115~1234) : 퉁구스 족
계통의 여진족이 건립한 왕조

그리고 강인한 정신력과 불굴의 의지로
세계 역사상 가장 넓은 제국의 완성.

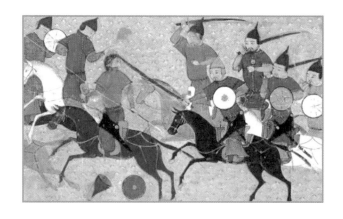

13세기에 이미
중앙아시아를 평정하고
남러시아까지 내달리며
세계를 하나의 네트워크로 묶어 낸

칭기즈 칸이 오늘날 우리에게 건네는
마지막 교훈.

"적은 밖에 있는 것이 아니라
내 안에 있었다.
나를 극복하는 그 순간 나는
칸이 되었다."

무자비한 정복자 vs 세계를 통일한 정치가

칭기즈 칸(Genghis Khan, 1162~1227)은 세계 최대 제국을 건설했던 역사적인 인물이에요. 초원의 부족한 물자를 놓고 부족 간 분쟁이 끊이지 않자 이를 해결하려고 정복 전쟁을 벌였지요. 이 전쟁을 통해 몽골을 통일하고, 몽골 제국의 왕인 칸의 자리에 올랐어요. 이후 몽골 제국은 아시아뿐 아니라 러시아와 유럽에까지 이르는 세계 최대 제국으로 성장했어요.

'강력한 지도자', '거대한 바다와 같은 지배자'라는 뜻의 칭기즈 칸의 원래 이름은 테무친이에요. 테무친의 아버지는 몽골 왕족이었고 한 부족의 우두머리였어요. 그러나 테무친이 9세 때 이웃 타타르 부족에 의해 독살되고 말았지요. 이때부터 테무친의 고난은 시작되었어요. 부족들은 뿔뿔이 흩어지고 테무친의 가족은 풀뿌리를 캐 먹으며 비참하게 생활해야 했어요. 이후 테무친은 목숨을 잃을 뻔하기도 하고 다른 부족에게 아내를 빼앗기기도 했지요.

테무친은 '강한 사람만이 살아남는다.'는 초원의 법칙을 그대로 실천했어요. 강인한 지도자가 돼서 이웃 부족과 동맹을 맺고 군대를 만들어 혹독하게 훈련시켰어요. 새로운 전술과 무기를 이용해 이웃 부족들을 정복해 나갔지요. 자신에게 복종하지 않는 부족은 강하게 탄압했어요. 하지만 자신에게 복종한 부족들은 차별 없이 대하고 부족 내에서도 평등하게 지낼 수 있게 했어요. 그리고 자신이 통치하는 지역에서는 어떤 범죄도 일어나지 않도록 했어요. 강한 법을 만들어 이를 지키게 했지요. 그리고 다른 나라와의 교역이 더 활발해지도록 실크로드도 정비했어요.

동서양의 무역로 실크로드

비단길이라는 뜻의 실크로드(Silk Road)는 고대 중국과 서양을 연결하는 무역로였어요. 실크로드가 생긴 것은 중국 전한(BC 206~AD 25) 때였어요. 중국의 한무제가 중국 북방 지대의 흉노족을 무찌르고 서아시아로 통하는 길을 정복하면 서실크로드가 열리고 동서 간의 교역이 시작됐지요. 실크로드는 중국에서 서방으로 간 대표적인 상품이 비단인 데서 붙여진 이름이에요. 그밖에도 중국의 도자기, 칠기, 화약 기술, 종이 등이 서방으로 건너갔고, 서방의 유리, 옥, 후추, 깨, 호두, 모직 등이 중국으로 전해졌어요. 그리고 불교·이슬람교 등의 종교도 실크로드를 통해 중국으로 들어왔어요.

실크로드는 총 길이가 6400㎞에 달해요. 중국의 중원에서부터 파미르 고원, 중앙 아시아 초원, 이란 고원을 지나 지중해의 동안과 북안에 이르기까지 이어져 있어요. 중국을 포함해 실크로드의 대부분을 정복한 칭기즈 칸은 실크로드를 통한 동서 간 교역이 더 활발해지도록 많은 제도를 정비했어요. 대표적인 것이 국내외 소식을 빨리 전할 수 있도록 일정한 거리마다 말을 갈아탈 수 있는 역참을 설치한 거예요. 그리고 사회 질서를 강화해 상인들이 강도나 도둑에 대한 두려움 없이 교역에 나서도록 했지요.

칭기즈 칸 이후 몽골 제국은 어떻게 되었을까?

칭기즈 칸이 세운 몽골 제국은 고작 150여 년 동안 유지되다 1368년 명나라에 의해 멸망했어요. 몽골 대제국이 이토록 짧은 시간에 사라진 것은 갈등과 분열 때문이에요. 몽골 제국의 5대 칸이었던 쿠빌라이는 몽골 제국의 국호를 원으로 바꾸었어요. 1260년부터 1294년까지 34년 동안 원나라를 통치했지요. 이후 왕위 다툼, 다른 민족과의 불화, 과도한 세금, 한족의 반발로 혼란을 겪다가 한족이었던 주원장에 의해 멸망하고 말았답니다.

07 평등한 자유를 외친 〈그 남자의 이름은 46664〉

★ 흑백 인종 갈등을 없앤 지도자, 넬슨 만델라

아프리카에서 흑인들이 차별 받는 불평등을 없애기 위해
일생을 바쳐 인권 운동을 펼쳤던 넬슨 만델라.
27년 동안 감옥에 갇혀 있으면서도 포기하지 않았던 그의 저항이
남아프리카 공화국을 어떻게 변화시켰는지 알아보자.

흑인들의 대륙 아프리카에서
흑인이라는 이유로
차별을 받아야 했던 남자

인권 운동을 벌이다
27년 동안을
감옥에서 지내야 했던 남자

그리고 마침내
자유를 되찾고
흑인 차별 정책을 없애고
조국의 대통령이 된 남자

넬슨 만델라
그의 또 다른 이름 46664.

 다른 사람에게 차별을 받았다고 생각한 것은 언제인가요?

남아프리카 공화국의
인종 차별주의 정책에 반대해 온
넬슨 만델라에게 내려진 판결

'종신형'

그가 사람들의 기억 속에서
사라지길 바랐던
정부에 의해
보내진 곳은

누구도 살아 나올 수 없다던
로벤 섬 감옥.

★
★★ 종신형 : 기간을 정하지 않고 평생 동안
　　감옥에 가두고 작업을 시키는 형벌

★
★★ 로벤 섬 감옥 : 남아프리카 공화국
　　케이프타운 항 근처에 있는 로벤
　　섬에 세워진 감옥

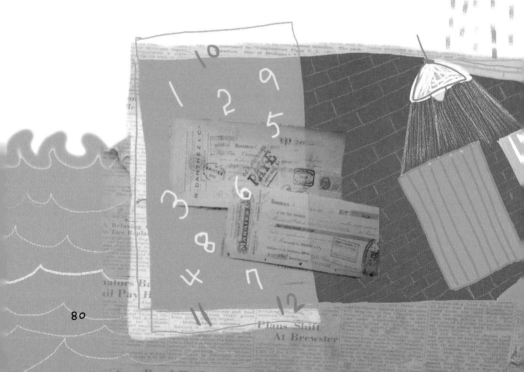

1964년 466번째로 갇힌 로벤 섬 감옥의 죄수
넬슨 만델라에게 붙여진 죄수 번호 46664
넬슨 만델라의 새로운 이름 46664.

그의 이름을 신문에 실을 수조차 없었다.
백인들에게는 그가 존재하지도 않았던 것 같았다.

_(앤서니 샘슨, 기자)

★★★ 앤서니 샘슨(1926~2004) : 영국
태생의 언론인이자 전기 작가

46세의 나이에 시작한
채석장 중노동

면회와 편지는
6개월에 단 한 번 허용

흑인 죄수를 어린아이 취급하며
반바지 착용을 명령하자
불평등한 옷이라며 거부한 만델라.

그 벌로 눕기도 힘든 독방에 갇혔지만
그는 끝내 꺾이지 않았다.

"이따금 정신을 차려 보면
나도 모르게 바퀴벌레와
대화를 나누고 있었다."

또한 견딜 수 없이 많은 노동량과
간수들의 언어폭력에
동료들과 함께 저항한 만델라

곡괭이를 집는 데 10분
머리를 위로 드는 데 10분
의도적으로 일을 천천히 하는 것으로
자신들의 저항 의지를 드러냈다.

"결코 영혼만큼은 정복당하지 않으리라."

27년간 이 말을 되뇌며 그는 버텨 냈다.

1976년

백인의 언어로 수업하라는 명령에

반발하는 흑인 학생들에게

무차별 폭력을 가한 남아프리카 공화국 정부

초등학생을 포함해

수많은 사람이 목숨을 잃자

전 세계의 비난이

남아프리카 공화국 정부에 쏟아지고

"아파르트헤이트 반대!"

"만델라에게 자유를!"

아파르트헤이트 : 남아프리카 공화국의 극단적인 인종 차별 정책과 제도

사람들은 만델라의 이름을 외치기 시작했다.

세상에서 가장 유명한 죄수가 된 넬슨 만델라.

1985년 벼랑 끝에 몰린
남아프리카 공화국 정부의 제안

만델라는 먼저 약속해야 합니다.
정치적인 목적을 위해 폭력을 계획하고
사람들을 부추기는 일을 하지 않겠다고 약속하면
만델라의 석방을 고려해 볼 것입니다.
_(남아프리카 공화국 대통령 P. W. 보타)

22년 동안 감옥에 갇혀 있던 만델라의 대답

"아파르트헤이트 철폐가 먼저입니다.
우리 모두의 자유가 아니면
모든 조건을 거부합니다.
여러분의 자유와 나의 자유는 분리될 수 없습니다.
권력을 국민에게!"

1990년 2월 2일
남아프리카 공화국 대통령은
흑인들의 정치와 인권 단체를 법적으로 인정하고
그동안 내려진 금지 조치를 없앴다.
그리고 아프리카 흑인 해방을 위해 활동한
지도자 375명을 석방했다.

"언제나 나는
다시 한 번 자유인으로
발바닥에 닿는 풀의 감촉을 느끼며
햇빛 속을 걷는 날이 오리라는 것을
알고 있었다."

다시 찾은 자유
그리고 위대한 승리!

남아프리카 공화국의 탄생과 흑인 차별 정책

약 350년 전에 남아프리카 공화국 케이프타운의 해안에 낯선 배 세 척이 닻을 내렸어요. 이 배는 물건을 잔뜩 싣고 인도양을 오가며 장사를 하던 배였어요. 그 배에는 백인들이 타고 있었는데 네덜란드 사람들이었지요. 이후 케이프타운에는 영국, 독일 사람들이 찾아왔으며 이들은 조용하고 평화롭던 남아프리카 공화국에서 새로운 주인인 양 행세하며 서로 세력 다툼을 벌였어요. 점점 남아프리카 공화국은 백인들의 차지가 되었어요.

남아프리카 공화국의 백인들은 흑인들을 심하게 차별했어요. 1948년에는 아파르트헤이트라는 차별 정책까지 만들었어요. 흑인들은 백인들과 같은 버스나 열차에 탈 수 없었고, 백인들이 가는 공공시설이나 깨끗한 식당에 들어갈 수 없었어요. 투표권도 주어지지 않아 선거에도 참여할 수 없었지요. 점차 흑인들은 빈민가로 밀려나게 됐고 굶주림에 시달려야 했어요. 그럼에도 인종 차별 정책은 날로 심해져 흑인들은 통행 허가증이 없으면 밖으로 나다닐 수도 없었어요. 차별은 교육에서도 마찬가지였어요. 백인 아이들은 의무 교육을 받을 수 있었지만 흑인 아이들은 거의 지원을 받지 못했지요. 1981년에 가서야 흑인들에 대한 단계적인 의무 교육이 시작되었을 정도예요.

한편 흑인들은 끊임없이 동등한 권리를 갖게 해 달라고 주장했어요. 인종 차별 법안에 반대한 흑인들은 1954년 자유 헌장을 채택하고 자신들의 주장을 알려 나갔어요. 특히 1960년 백인 경찰관이 흑인 시위자에게 무차별 발포를 한 사건이 알려지면서 거대한 운동으로 발전했어요. 이 운동을 이끈 인물 중 한 사람이 넬슨 만델라였지요. 인종 차별 정책은 1994년에야 사라졌어요.

만델라와 함께 노벨상을 받은 데 클레르크

1989년 남아프리카 공화국의 대통령이 된 프레데리크 빌렘 데 클레르크(Frederik Willem de Klerk, 1936~)는 백인과 흑인을 분리하는 정책인 아파르트헤이트를 완화한 인물이에요. 감옥에 있던 만델라 등 흑인 지도자를 석방하고, 인종 격리 및 차별 정책을 철폐하는 일에 앞장선 단체인 아프리카 민족회의를 합법화하는 등 민주화를 위해 노력했지요. 이러한 데 클레르크의 노력은 남아프리카 공화국의 이미지를 좋게 했어요. 외교 관계에도 좋은 영향을 미쳤지요. 이런 공로를 인정받아 그는 1993년 넬슨 만델라와 함께 노벨 평화상을 받았답니다.

아프리카 소수 부족의 전통문화

54개 나라가 있는 아프리카에는 3000여 소수 부족들이 살고 있어요. 각 부족들은 나름의 전통문화를 만들어 왔어요. 남아프리카 공화국에서 가장 큰 부족은 줄루 족이에요. 줄루 족은 허리에 여러 가닥의 실로 만든 치마를 걸치고 방패를 들고 춤을 춰요. 머리에는 새의 깃털로, 발목은 사자의 목덜미 털로 장식을 하지요. 르완다와 콩고 등에 사는 피그

| 줄루 족

미 족은 난쟁이라는 별명으로 불릴 만큼 체구가 작아요. 상대적으로 큰 부족들에 쫓겨 다니다 밀림 깊숙이 들어가 사냥과 채집을 하며 살게 됐어요. 아프리카 동부 케냐와 탄자니아에 사는 마사이 족은 재빠르게 움직이는 것으로 유명해요. 색깔 옷을 주로 입는 마사이 소년들은 하늘을 뛰어오르는 춤을 추는데 엄청 높이 껑충 뛰어오를 수 있어요. 마사이 소녀들은 머리카락을 기르지 않는 대신 오색 구슬을 깎아 만든 목걸이로 장식을 하지요.

현재 아프리카에는 문명의 바람이 불어 현대적인 물건들을 사용하며 생활하는 곳이 많아지고 있지만 옛날 모습 그대로 살아가고 있는 부족도 많답니다.

08 생각 없이 죽음을 방관한 〈그가 유죄인 이유〉

★ 히틀러의 충직한 부하가 저지른 잘못은?

'맡겨진 일을 열심히 했을 뿐'인 한 독일인이 법정에 섰다.
하지만 그에게 맡겨졌던 일은 유태인의 목숨을 빼앗는 일.
전쟁 범죄자인 아돌프 아이히만의 이야기에서
비극을 되풀이하지 않을 역사적 교훈을 배워 보자.

살면서 단 한 번도 법을 어긴 적이 없고
언제 어디서나 최선을 다했던 한 남자

그가 퇴근길 버스 정거장에서
체포된다.

"저는 억울합니다.
저는 남을 해치는 것엔
아무 관심이 없습니다.
제가 관심이 있는 건
맡은 일을 잘 해내는 것뿐입니다."

그러나 그는 유죄이다.
그 이유는?

 '왜 이걸 해야 할까?'라고 생각하면서 한 일은 무엇인가요?

1961년 이스라엘 예루살렘

온 세계가 지켜보는 가운데 법정에 선

50대 중반의 평범한 남자

"도대체 무엇을 인정하란 말입니까?"

잡혀 올 당시 그가 하던 일은

아르헨티나 부에노스아이레스 근교의

자동차 공장에서 기계를 고치는 일

그가 몸에 지니고 있던 신분증에

적혀 있던 이름은

리카르도 클레멘트.

하지만

그의

원래 국적은 독일

원래 이름은 아돌프 아이히만

원래 직업은 군인.

"저는 지시받은 업무를 잘 처리하기 위해서
열심히 일했을 뿐입니다.

제가 제작한 '열차' 덕분에
우리 조직은 시간 낭비 없이
일을 처리할 수 있었죠."

그가 고안해 낸 것은
가스실이 설치된 열차

수많은 유태인이
열차에 설치된 가스실에서
죽음을 맞았다.

★
★★ 제2차 세계 대전 당시 독일의 집권당인
나치와 히틀러는 유태인 말살 정책을
펼쳤고, 독일 군대는 유태인을 죽이는
일을 자행했다.

"자신의 죄를 인정합니까?"

"저는 잘못이 없습니다.
단 한 사람도 제 손으로 죽이지 않았으니까요.
죽이라고 명령하지도 않았습니다.
제 권한이 아니었으니까요.

저는 시키는 것을 그대로 실천한
하나의 인간이자 관리자였을 뿐입니다."

수백만 명의 죽음을 방관하며
가스실이 달린 열차를 개발한 아돌프 아이히만

"양심의 가책을 느낀 적은 없었나요?"

★★ 방관 : 어떤 일에 직접 관여하지
않고 곁에서 보기만 함.

"월급을 받으면서도
주어진 일을 열심히 하지 않았다면
양심의 가책을 받았을 것입니다."

★★ 가책 : 잘못에 대하여
뉘우치고 스스로 책망함.

결코
죄를 인정할 수 없다는 그의 답변.

재판을 지켜본

6명의 정신과 의사들의 판정

"그는 나보다 더 정상이며

준법 정신이 투철한 국민이었다."

그러나

8개월간 계속된 지루한 재판……

하나 둘 자리를 떠나는 방청객들 속에서

끝까지 재판을 지켜본

철학자 한나 아렌트는 말했다.

"그는 아주 근면한 인간이다.

그리고 이런 근면성 자체는

결코 범죄가 아니다.

그러나

그가 유죄인 명백한 이유는

아무 생각이 없었기 때문이다."

더불어

한나 아렌트는 강조한다.

"타인의 고통을 헤아릴 줄 모르는

생각의 무능은

말하기의 무능을 그리고 행동의 무능을 낳는다."

한나 아렌트(1906~1975) : 독일
태생의 유태인으로 미국에서 활동한
여성 정치 철학자

이름을 바꾸고 숨어 산 아돌프 아이히만

아돌프 아이히만(Adolf Eichmann, 1906~1962)은 독일 나치의 친위대 장교였어요. 제2차 세계 대전 중 독일과 독일 점령하의 유럽 각지에 있는 유태인을 체포하고 강제 이주시키는 계획을 실행한 인물이지요. 아이히만은 독일의 항복 후 가족과 함께 아르헨티나로 도망쳐 리카르도 클레

멘트라는 가짜 이름으로 생활했어요. 1960년 5월 이스라엘의 비밀 정보원들에 의해 체포당해 이스라엘로 끌려오기까지 부에노스아이레스 근교의 자동차 공장에서 기계공으로 15년이라는 세월을 살았지요. 1961년 12월 예루살렘의 법정에 선 아이히만은 유태인 학살에 책임을 느끼냐는 질문에 무죄를 주장했어요. 하지만 받아들여지지 않았고 전쟁이 끝나고 17년 만인 1962년 5월 교수형에 처해졌어요.

히틀러의 망상에서 시작된 전쟁

제1차 세계 대전에서 패배한 독일은 커다란 위기를 겪었어요. 경제도 어려워졌지요. 일자리는 부족해지고 물가는 치솟자 독일 국민들은 절망에 빠졌어요. 이때 나타난 사람이 아돌프 히틀러(Adolf Hitler, 1889~1945)예요.

히틀러는 제1차 세계 대전에 참전했다가 제대한 후, 자신의 민족만이 우월하다고 강조하는 독일 노동당(나치)에 들어갔어요. 히틀러는 사람들 앞에서 연설하는 데 특출한 재능이 있었어요. 히틀러의 연설을 들은 사람들은 뭔가에 홀

린 듯이 그에게 빠져들었어요. 이런 히틀러의 활약 덕분에 나치는 1932년 총선거에서 37.4%의 지지를 얻어 유력 정당으로 성장해요. 히틀러는 대통령과 수상의 역할을 함께 하는 총통의 자리에까지 올라가지요.

권력을 차지한 히틀러는 독재 정치를 하며 유태인을 박해하기 시작했어요. 많은 독일 국민들이 히틀러를 지지했는데, 히틀러가 일자리를 마련해 주고, 물가를 잡아 경제를 회복시켜 주고, 국력을 키워 독일을 강한 나라로 만들어 나가고 있다고 믿었기 때문이에요. 하지만 히틀러는 1939년 폴란드를 침공해 제2차 세계 대전을 일으켰어요. 600만 명에 가까운 유태인이 강제 수용소에서 학살되었어요. 그밖에도 이 전쟁으로 수많은 사람들이 다치고 죽었답니다.

히틀러는 왜 유태인을 싫어했을까?

유태인은 보통 히브리 인, 이스라엘 인을 말해요. 역사적으로 유태인은 고대 팔레스타인에 살다가 로마 제국에 의해서 예루살렘이 파괴되자 세계 각지에 흩어져 유랑하며 살았어요. 그러던 19세기 말 국가 건설 운동이 일어나 1948년 팔레스타인에 이스라엘을 세웠지요. 이때 고향으로 돌아온 이스라엘 인을 모두 유태인이라 불렀어요.

히틀러가 왜 유태인을 싫어했는지에 대한 의견은 여러 가지가 있어요. 유태인으로부터 상처를 받았다거나, 유태인들이 자본력과 정치력을 가진 민족이었기 때문에 이를 질투했다는 이야기도 있어요. 그중에서 가장 힘을 얻은 주장은 히틀러가 자신의 혈통만이 최고라고 생각하면서 다른 민족을 심하게 배척했다는 거예요. 배척당한 이들이 유태인이었던 거지요.

실제 히틀러는 〈나의 투쟁〉이라는 책에서 "수준 높은 문화를 만들기 위해서 수준이 낮은 민족을 노예로 삼는 것은 당연하다."라고 썼어요. 자기보다 못하다고 생각한 민족에게서 영토와 자유를 빼앗는 것은 당연하다고 생각했지요. 개인의 그릇된 망상이 세계를 큰 위험에 빠트린 거예요.

09 복지 국가 스웨덴을 만든 〈국민의 집〉

★ 함께 잘사는 나라를 만든 타게 에를란데르 총리

"사는 것이 힘들기 때문에 싸워야 한다."고 하는 이들에게
"사는 것이 힘들기 때문에 함께 이야기하고 나눠야 한다."고 했던
스웨덴의 총리 타게 에를란데르.
그를 통해 모두가 행복하게 사는 사회의 조건을 알아보자.

척박한 땅, 혹독한 겨울
돌밭을 일구다 지치면
포기하고 떠나 버리던 나라

그 나라에서
모두가 함께 잘사는 사회를 만들기 위해
대화하고 타협하며 국민을 이끌어 간
'스웨덴 국민의 아버지',
타게 에를란데르 총리.

타게 에를란데르 총리가
스웨덴 국민과 함께 만들어 낸
'국민의 집'.

국민의 집은 무엇이며
왜, 어떻게 만들어진 것일까?

 '함께 잘사는 사회'란 어떤 사회일까요?

1946년 스웨덴

제2차 세계 대전 직후 당선된

타게 에를란데르 총리에게 주어진 무거운 숙제

'경제 성장'

"물론 우리는 성장할 것이다.

그러나 다 함께 성장할 것이다."

실업률 : 일할 생각과 능력을
가진 인구 가운데 일자리가
없는 사람이 차지하는 비율

하지만 널뛰는 물가와 높아지는 실업률 때문에

사람들은 정부를 상대로 하든, 기업을 상대로 하든

싸워야만 삶을 지킬 수 있다고 굳게 믿고 있었다.

이때 총리가 사람들에게 제안했다.

"난 목요일이 좀 한가한데

일단 만나서 얘기 좀 합시다."

기업 대표,

노동조합 대표

그리고 총리

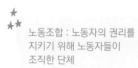

노동조합 : 노동자의 권리를
지키기 위해 노동자들이
조직한 단체

한자리에 모인 이들은

기업가가 몰랐던 노동자의 사정

노동자가 몰랐던 기업의 고충을 털어 놓았다.

"난 목요일이 한가한데.

아예 매주 저녁을 같이 먹읍시다."

그렇게 시작된

목요일 저녁 모임

그렇게 시작된

23년간의 대화.

무더운 여름
휴가지의 별장에서도

학자
언론인
법률가
환경 운동가
은행가
상인
농부

다양한 사람들을 초대한 총리
그렇게 23년간 멈추지 않았던 만남.

그 사이
노동자와 기업가의 갈등은
사라져 갔다.

타게 에를란데르 총리가 강조한 것은 단 하나
"나는 돈보다 사람을 믿는다."

아이를 돌봐야 하는 여성
몸이 불편한 장애인
고등 교육을 받지 못한 노동자

고등 교육 : 전문적 지식 또는 기술을
터득하게 하는 전문 대학 이상의 교육을
통틀어 이르는 말

45세의 젊은 총리는 그들이 할 수 있다고 믿고
배우고 일할 수 있는 동등한 기회를 주었다.

그리고 기회를 얻은 사람들은
놀라운 힘을 보여 주었다.

"육아, 의료, 교육, 주거 문제가
사람들의 발목을 잡지 않아야
한 개인이
한 나라가
최대한 성장할 수 있다."

타게 에를란데르 총리는
이해관계가 다른
국민 모두를 수십 년간 설득했다.

"세금을 늘리는 게 아니다.
모든 국민의 소득을 늘리는 것이다."

그렇게 스웨덴은
세계에서 가장 많은 세금을 내는 나라
그리고
대다수 국민이 자발적으로
세금을 내는 나라가 됐다.

그리고

국민들의 삶은 완전히 달라졌다.

세계에서 가장 잘사는 나라 스웨덴

모든 국민이 다 함께 잘사는 나라 스웨덴

23년간 재임한 총리가 완성한

스웨덴의 복지 이념
'국민의 집'

국민의 집 : 1928년 페르 알빈 한손이
스웨덴이 좀 더 좋은 가정처럼 되어야
한다는 생각으로 만든 복지 이념으로,
이후 타게 에를란데르가 완성한다.

"국가는
모든 국민들을 위한
좋은 집이 되어야 한다.
그 집에서는
누구든 특권 의식을 갖지 않으며
누구도 소외되지 않는다."

1969년 그는
만류하는 국민들을 뒤로하고
스스로 정치 은퇴를 선언했다.

그는 은퇴 후 여생을 보낼
자기 집 한 채가 없었을 정도로
평생을 청렴하게 살아왔다.

국민의 총리 타게 에를란데르

타게 에를란데르(Tage Erlander, 1901~1985)는 23년간 11번의 선거에서 승리한 스웨덴 최장수 총리예요. 스웨덴에서는 '국민의 아버지'로 통해요. 에를란데르는 제2차 세계 대전 직후의 척박한 스웨덴을 일으켰어요. 스웨덴의 겨울은 매우 혹독해서 '돌밭을 일구다 지치면 포기하고 떠나 버리는 나라'로 묘사될 정도였지요. 이런 암울한 상황에서 에를란데르는 45세의 나이로 총리가 됐어요. 그리고 '소통'을 무기로 사회 문제를 해결해 나갔어요. 끊이지 않는 파업을 해결하고 복지 국가의 모습을 만들어 갔지요.

에를란데르는 사회에서 뒤처진 사람들을 차별하지 않고 배려하는 사회 제도를 만들었어요. 노동자와 기업주 사이의 갈등도 해결해 나갔지요. 1985년 에를란데르가 세상을 떠난 후, 그의 아내가 '국가의 재산'이라며 그가 쓰던 볼펜을 반납한 일화는 그의 소박했던 삶을 돌아보게 한답니다.

복지 국가 스웨덴의 시작

스웨덴은 북유럽 스칸디나비아 반도 동쪽에 있는 입헌 군주제 국가예요. 입헌 군주제란 법으로 왕의 권력은 제한하고 내각에 의해 통치가 이뤄지는 제도지요. 스웨덴은 10세기에 최초의 통일 왕국이 성립된 이후 1397년부터 126년간 덴마크, 노르웨이와 함께 칼마르 동맹국을 결성했어요. 하지만 이 동맹의 실상은 덴마크가 스웨덴과 노르웨이를 지배하는 형태였지요. 스웨덴은 1523년이 돼서야 덴마크로부터 완전한 독립을 이뤘어요. 그리고 1849년부터 입헌 군주제가 시작됐지요. 그러다 제1, 2차 세계 대전을 겪으며 유럽의 다른 나라들처럼 어려운 시기를 겪게 돼요. 일자리는 없고 물가는 널뛰기를 했어요.

이때 총리가 된 타게 에를란데르는 모든 국민이 누구도 소외되지 않고 국가의 보호 아래 잘살 수 있는 '국민의 집(Folk hemmet)' 이념을 실현하려고 노력했어요. 1947년에는 아동 수당 지급, 1950년에는 9년제 의무 교육이 실시됐지요. 그리고 1955년부터 전 국민을 대상으로 의료 보험법이 실시됐고, 1962년에는 종합 사회 보험법이 제정되었어요. 이를 위해 세금을 많이 걷어야 하는 문제는 대화로, 협상으로 풀어 나갔어요. 이렇게 국민이 살기 좋은 복지가 스웨덴에서 실현된 거예요. 그리하여 전 세계에서 가장 좋은 복지 정책을 펼치는 국가로 자리매김하게 됐답니다.

복지 국가 실현을 위해 필요한 것

2014년 OECD에서 발표한 〈연간 조세 부담 보고서〉에 따르면 스웨덴의 조세 부담률은 45.5%로 높은 편에 속해요. 조세 부담률이란 나라 안에서 만들어진 모든 재화와 용역을 합한 국민 총생산(GDP) 대비 조세 수입이 얼마큼인지를 나타내는 수치예요. 벨기에가 55.8%로 가장 높았고, 독일이 49.3%로 뒤를 이었어요. 오스트리아 49.1%, 헝가리 49.0%, 프랑스 48.9% 순이었는데 우리나라는 21.4%로 34개 회원국 중에 30위였어요.

공산품에 붙는 부가세도 스웨덴은 25%로 우리나라의 10%에 비해 2.5배나 높아요. 1000원짜리 물건을 사면 우리나라 사람들은 100원을 세금으로 내지만, 스웨덴 사람들은 250원을 세금으로 내는 셈이지요. 봉급 생활자의 경우 월급의 절반(46.4%) 정도가 세금으로 나갈 정도예요. 하지만 이런 높은 세금에 크게 불평을 하는 이는 많지 않아요. 본인이 낸 세금이 복지 정책으로 돌아오고, 사회적 약자도 잘살 수 있는 복지 시스템을 유지하기 때문이에요. "내가 사회적 약자가 되면 어쩌지?" 하는 걱정을 하지 않고 지낼 수 있는 거지요.

사회를 바꾼 인물들

세상을
이롭게 하다

10 덕을 강조했던 맹자의 시대, 〈기원전 4세기〉

★ 이익이 아니라 덕을 좇아야 한다

전쟁이 끊이지 않던 혼란기의 왕에게
"이익이 아니라 덕을 위해 행하라."고 가르쳤던 맹자.
그러나 그는 끝내 자신의 가르침이 실현되는 세상을 보지 못했다.
성인 맹자가 후대에게 남긴 '바른 정치'에 대해 알아보자.

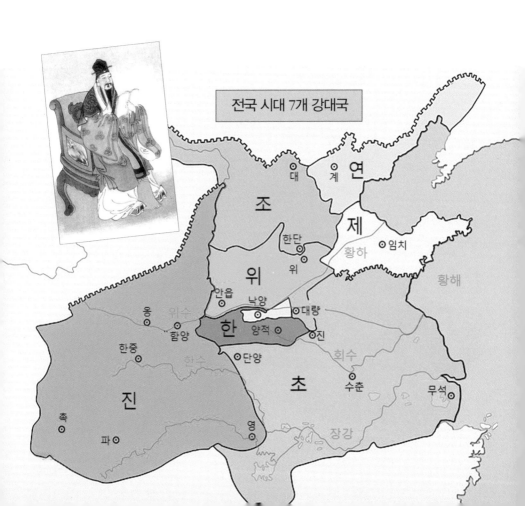

전국 시대 7개 강대국

기원전 4세기 중국

140여 개에 달했던 도시 국가들이
7개 강대국으로 정리된 후에도
치열한 전쟁이 끊이지 않던
전국 시대

> 7개 강대국 : 진·초·연·제·한·위·조

> 전국 시대(BC 403~BC 221) : 중국의 춘추 시대 다음에 이어진 약 200년간의 과도기. 진나라가 중국을 통일하면서 끝이 났다.

각자의 이익을 좇아
반복되는 전쟁 속에서
자신의 가르침을 전하고 다녔던

성인 맹자.

"왕이 지녀야 할 것은 덕이요.
덕은 타인의 불행에 공감할 수 있는 마음이다."

 마음이 너그러운 친구인지는 무엇으로 알 수 있나요?

"어떻게 내 나라를 이롭게 할 것인가?"
왕의 물음에
"어째서 이익에 대해서만 말씀하십니까?"
되묻는 신하

그리고 이어지는 곧은 말

"왕에게 필요한 것은
백성의 배고픔과 가난에 대해
공감할 수 있는 능력입니다."

반복되는 전쟁으로 인해 파괴된 인간성

욕망과 경쟁
부와 권력
모든 사람들의 관심사는 이것뿐,

왕조차도
생산량의 증대
군대의 필승만을 원했다.

그러나 눈앞의 이익만이 다가 아니라며
무리한 전쟁에 반대하고 나선 맹자.

"인간이 소나 개와 같단 말입니까?
겨우 자기 한 몸을 챙기는 데 급급한
그런 하찮은 존재가 되려 하십니까?"

인간에게는 선한 본성이 있다고 믿고
인간성을 지키며 살아야
인간다운 삶을 살 수 있다고 강조했던 맹자.

"인간은 훨씬 더 숭고하다.
인간은 훨씬 더 고귀하다."

★
★★ 숭고 : 뜻이 높고 고상함.
고귀 : 훌륭하고 귀중함.

맹자가 왕의 자질로 내세운 한 가지 조건
"백성의 착한 본성을 키우기 위해서는
굶을 걱정에서 벗어나게 해야 합니다.
배가 고파 죄를 짓게 한 뒤에
백성을 처벌하는 것은 부당한 일입니다."

그러면서 왕에게 당당히 요구했다. ★★ 덕 : 도덕적, 윤리적 이상을
실현해 나가는 인격적 능력

"왕은 덕을 갖추어야 합니다.
덕이 왕의 자리를 결정합니다.
그러니 덕으로 다스리십시오."

"백성이 귀중하고
사직은 그 다음이며
임금은 대단치 않다."

왕도 정치
측은지심

왕도 정치(王道政治) :
덕과 백성을 중요시하는 정치

측은지심(惻隱之心) :
불쌍히 여기는 마음

덕에 의한 정치
타인의 불행에 공감할 수 있는
마음을 강조했던 맹자

그러나 당시
누구도 그의 말을 제대로 이해하지 못했다.

어진 마음인 인(仁)은
사람이 살아야 할 편안한 집이고,
바른 마음인 의(義)는
사람이 걸어야 할 옳은 길이다.

_(맹자)

왕도 정치를 주장한 맹자

맹자(BC 372 ?~BC 289 ?)는 중국 추나라에서 태어났는데 태어나고 죽은 때가 정확하지는 않아요. 젊은 시절에는 공자의 손자에게서 유학을 배웠고 제나라에서 관리로 일했어요. 맹자가 살던 당시 중국은 여러 나라로 나뉘어 끊임없이 전쟁이 일어났어요. 계속된 전쟁으로 백성들의 삶은 매우 힘들었지요. 백성들의 비참한 생활을 생생하게 지켜본 맹자는 백성을 고통에서 구할 수 있는 방법을 생각했어요. 바로 왕도 정치로, 힘과 무력보다는 인(仁)의 마음인 인격과 덕으로 다스려야 한다고 주장했지요.

"왕이 인의 마음을 가지고 백성에게 은혜를 베푼다면 백성은 자연스럽게 왕을 따를 것입니다. 점차 따르는 백성이 많아지면 그 지역도 넓어져 결국 온 세상이 왕을 따를 것입니다. 이로써 자연스럽게 천하 통일을 이룰 것입니다."

맹자는 인의 마음을 강조하면서 왕도 정치를 실현할 왕을 찾아다녔어요. 하지만 그 뜻을 받아 주는 왕은 찾기 어려웠어요. 중국은 기원전 221년 진나라에 의해 통일되지만 진나라의 시황제는 인의 정치를 펼친 인물은 아니었어요.

맹모삼천지교(孟母三遷之敎)

맹자의 어머니는 가난한 살림살이에도 맹자가 최고의 교육을 받을 수 있도록 세 번에 걸쳐 이사를 했어요. 이를 두고 맹모삼천지교라고 해요. 맹자가 어릴 적에 집 주변에서 보고 들은 것을 따라 하며 노는 것을 보고, 맹자의 어머니는 무덤 옆에서 살다가 시장 옆으로 이사하고, 시장 옆에서 다시 학당 옆으로 이사를 했지요. 그리고 한번은 맹자가 공부가 힘들다며 도망쳐 오자 맹자 앞에서 옷감을 짜던 베틀의 줄을 끊어 버렸어요. 그리고 "네 공부는 나의 베 짜기와 같다. 이 베는 한 올 한 올을 이어서 만든다. 모름지기 학문이란 베 짜기와 같이 밤낮을 가리지 않고 부지런히 연마해야 이룰 수 있는 것이다. 네가 공부를 그만둔 것은 내가 더 이상 베를 짤 수 없게 된 것과 같다."라고 말했어요. 맹자는 차마 고개를 들지 못하고 돌아가, 다시 공부에 매진했어요.

공자와 맹자의 같은 점 다른 점

공자(BC 551~BC 479)와 맹자는 유교의 대표 학자예요. 둘은 모두 중국 역사상 최고의 혼란기에 나타나 나라를 바로잡으려고 했어요. 그리고 둘 다 인(仁)을 강조하는 바른 정치를 주장했지만 아주 똑같은 사상을 가진 것은 아니었어요.

공자는 중국이 분열된 춘추 시대(BC 770~BC 403) 사람이에요. 당시 공자는 극심한 사회 혼란의 원인이 도덕적 타락 때문이라고 생각했어요. 때문에 인(仁)을 강조했어요. 공자의 인은 타고난 도덕성으로 다른 이를 사랑하는 마음을 뜻해요. 공자는 인을 실천하기 위해 효도와 충성, 우애와 신의를 지키고, 덕치주의가 실현돼야 한다고 했어요.

맹자는 공자가 죽은 뒤 100여 년 후에 태어난 전국 시대(BC 403~BC 221) 사람이에요. 그런데 공자와 달리 맹자는 사회 혼란의 원인이 혈기와 욕심 때문이라고 생각했어요. 때문에 잘잘못을 가리고, 의리가 있는 대장부의 기개를 가져야 한다고 강조했지요. 그리고 사회 안정을 위해 백성을 먼저 생각하는 왕도 정치가 실현돼야 한다고 말했어요.

공자와 맹자 모두 인의 정신을 강조하고 가르쳤지만 정치를 하는 왕에 대한 의견은 달랐어요. 공자는 군주의 덕이 부족하면 가르쳐야 한다고 했지만, 맹자는 군주가 무능하면 쫓아내야 한다고 말할 정도였답니다.

11 뉴욕 시민의 행복 지킴이, 〈작은 꽃〉

★ 자신의 양심이 가리키는 대로 살아간 사람

150cm의 작은 키에 듣기 불편한 목소리
그러나 늘 의욕에 넘쳤던 뉴욕의 시장 피오렐로 라과디아.
그가 뉴욕 시민의 지지를 받으며 '작은 꽃'이라는 애칭을 얻기까지
어떤 정책들을 펼쳤고 무엇을 했는지 알아보자.

1930년 미국 뉴욕의 한 법정
빵 한 덩이를 훔친 죄로 한 노인이 재판을 받았다.
판사는 노인에게 물었다.

"왜 훔쳤습니까?"

"나이가 많아 일자리를 얻을 수 없었습니다.
사흘을 굶었습니다. 배가 고팠습니다. 죄송합니다."

잠시 후 판사는 판결을 내렸다.

"법은 만인에게 평등하고 예외가 없습니다.
당신에게 10달러의 벌금형을 선고합니다.
그리고 저와 법정에 앉은 방청객들에게도
벌금형을 선고합니다."

이유는?

 최근에 나를 감동시켰던 사람은 누구인가요?

"이 노인이 빵을 훔친 것은
오로지 이 노인의 책임만은 아닙니다.

이 도시에 살고 있는 우리 모두에게는
살기 위해 빵을 훔쳐야만 할 정도로
어려운 노인에게
아무런 도움도 주지 않고
내버려 둔 책임이 있습니다.

★★ 벌금형 : 범죄인에게 일정한 금액의
벌금을 내게 하는 형벌

★★ 권고 : 어떤 일을 하도록 권함.

그래서 저에게도 10달러의 벌금형을 내리겠습니다.
동시에 이 법정에 앉아 있는 여러 시민들께서도
50센트의 벌금형에 동참해 주실 것을 권고합니다."

판사는 가장 먼저 모자에 10달러를 넣었고,
시민들은 벌금형에 동참했다.

노인은 10달러로 벌금을 내고
남은 47달러 50센트를 손에 쥐고
눈물을 글썽이며 법정을 떠났다.

손수 벌금형을 자처했던
이 판사는 어떤 사람일까?

150cm 땅딸막한 몸매
높고 꽥꽥거리는 목소리
그러나 늘 의욕이 넘치던
피오렐로 라과디아.

피오렐로 라과디아는
하원 의원에 당선된 뒤에도
자신이 속한 공화당의
내부 의견과 맞서면서까지
사회적 약자와 빈곤층을 위해 앞장섰다.

공화당 : 1854년 결성된 미국의
보수주의 정당. 민주당과 함께
미국 양대 정당의 하나

"나를 사회 제도를 급격히 바꾸려는
운동가라 해도 좋고
다른 무엇으로 불러도 좋습니다.

다만 누군가 밤낮으로 일하고도
가족을 먹여 살릴 수 없다면

나는 그런 상황을
바꾸기로 결심했습니다."

일자리를 잃어도

당장의 생계를 이어갈 수 있는

실업 보험 실시

무리한 노동으로 몸이 상하지 않도록

노동 시간 단축

가난한 사람들의 재산을 보호해 주는

소액 예금의 보호.

동료들의 비난 속에서도

끊임없이 의견을 내놓고 실현시킨

그의 별명은

'공화당의 골칫거리'.

15년간 국회의원으로 활동하던 그가
선택한 또 다른 길, 뉴욕 시장.

뉴욕 시장에 당선된 그가 라디오 방송국을 찾아가
뉴욕 시민들을 향해 가장 먼저 했던 말
"마피아로 인해 피폐해진 뉴욕을
안전하고 편안한 도시로 바꾸겠습니다."

그가 했던 다짐
'뉴욕을 시민들에게!'

★★★ 마피아 : 20세기 들어 뉴욕 등의
대도시에서 활동한 거대 범죄 조직

피오렐로 라과디아는
마피아의 수입원이었던
도박 기기 슬롯머신을 없애고
뉴욕 마피아들을 체포했다.

★★★ 슬롯머신 : 동전을 넣고 기계를
조작해 정해진 짝을 맞추면 돈이
나오는 도박 기기

마피아가 장악했던 지역은
시민들에게 돌아갔다.

이어서 그는 학교, 주택, 공원의 건설 등
다양한 사업을 전개했다.

그리고
라디오 방송국에 나가 음악을 들려주고
만화책을 읽어 주었던 피오렐로 라과디아.

"뉴욕 시는 세계에서 가장 부유한 도시입니다.
그러나 모든 아이들이 제대로 먹고
모든 가정이 신선한 공기와 햇볕을 쐬며
모든 남편과 아내가 행복해지기 전에는
그렇게 말할 수 없습니다."

뉴욕 시민들에게 행복을 준
작은 키의 시장

시민들로부터 그가 얻은 별명
'작은 꽃'.

그가 자란 곳은 빈민가
그의 신분은 이탈리아계 이민자
그의 외모는 일반인으로서도 너무 작은 키

그러나
시장 선거에서 3번이나 당선될 만큼
뉴욕 시민들로부터 사랑받았던 사람

피오렐로 라과디아.

그는 정당과 조직의 벽을 부수고
자신의 양심이 가리키는 대로 나아간 사람이다.
_(하워드 진, 역사학자)

전 세계를 혼란에 빠트린 대공황

1930년대는 미국을 포함한 전 세계가 대공황에 빠진 시기였어요. 공황이란 '심리적 불안 상태'를 말하는데, 경제 공황은 경제의 순환 과정에서 나타나는 혼란을 말해요. 상품의 생산과 소비의 균형이 깨지고, 금융 상태가 좋지 않아 기업이 망하고, 일자리가 없어지지요. 미국의 대공황은 1929년 10월 24일 미국 내 주식 가격이 폭락한 데서 시작됐어요. 미국의 주식 폭락은 세계적인 공황으로 번졌고 그 여파는 1939년까지 이어졌지요.

원인은 무엇이었을까요? 제1차 세계 대전 후 미국은 겉으로는 경제적인 번영을 누리고 있는 것으로 보였지만, 실제로는 지나치게 많이 생산된 물건이 팔리지 않아 문을 닫는 공장이 늘어나는 중이었어요. 사람들은 일자리를 잃었지요. 주가 대폭락에 이어 돈의 가치 상승, 물가의 폭락, 생산의 감소 등이 나타나며 그야말로 경제가 얼어붙는 상황이 됐어요. 결국 1933년에는 근로자의 약 30%, 1500만 명 이상이 실업자가 되고 말았어요.

경제 공황은 독일·영국·프랑스 등 유럽으로 번져 나갔어요. 제조업뿐 아니라 농업에도 영향을 미쳤어요. 농산물 가격은 폭락했고 돈의 가치는 올라가 밀·커피·가축 등이 대량으로 버려지는 사태까지 일어났지요.

경제 공황의 자연적인 회복은 쉽지 않았어요. 1933년 취임한 미국의 루스벨트 대통령은 대공황을 극복하고자 국가가 나서서 산업을 일으키고 사람을 고용하는 뉴딜 정책을 펼쳤어요. 공공사업을 벌여 일자리를 만들어서 임금을 지급했어요. 그렇게 번 돈을 사람들이 소비함으로써 공장이 돌아가도록 한 것이지요. 불황은 그렇게 서서히 회복됐답니다.

세계 경제와 외교의 중심지 뉴욕

뉴욕은 미국의 동부 뉴욕 주에 있는 항구 도시예요. 미
국 하면 떠오르는 자유의 여신상이 있는 곳으로도 유
명하지요. 1970년까지 미국의 수도였던 뉴욕은 상업·
금융·무역의 중심지로 대학교·연구소·박물관·
극장 등이 많아서 문화의 중심지이기도 해요. 주변에 많은 위성 도시가 있어
1000만이 넘는 대 인구가 집중해 있지요.

1920년대 이후에는 세계 금융의 중심지가 되었는데, 제2차 세계 대전 후 미국
의 국제적인 지위가 올라가면서 영향력이 더욱 커졌어요. 1946년에는 UN 본
부가 설치됐지요. 금융 중심지인 월가, 문화를 선도하는 브로드웨이, 세계에
서 가장 번화한 타임스 스퀘어도 유명해요.

뉴욕의 마피아

마피아란 말은 '아름다움'이나 '자랑'을 뜻하는 시칠리아 어에 기원을 두고 있
어요. 하지만 범죄 조직의 이름으로 더 유명해진 말이지요. 마피아는 원래 19
세기 이탈리아의 시칠리아 섬을 주름잡던 산적(반정부 비밀 결사)이었어요. 그들
중 일부가 19세기 말부터 미국으로 건너가 뉴욕이나 시카고 같은 대도시에서
범죄 조직을 만들었지요. 1920년부터 1933년까지 미국에서는 술 판매를 막는
금주법이 시행됐는데 이를 어기고 술을 팔아 막대한 자금을 모았어요. 이후로
도 다양한 방법으로 돈을 모았는데 그중 하나가 도박이었어요.

피오렐로 라과디아는 1934년 뉴욕 시장에 취임하던 날 라디오 연설을 통해 뉴
욕 마피아들과의 전쟁을 선포하고 즉각 행동에 옮겼어요. 부패한 경찰 조직을
바꾸고 마피아가 운영하던 도박 기계 슬롯머신을 부수라고 명령했지요. 그리
고 잡아들인 뉴욕 마피아들은 50년 동안 징역을 살게 해 조직을 무너뜨렸어요.

12 더 나은 세상을 위해 〈젊은이에게 고함〉

★ 스테판 에셀의 "참여하라"

제2차 세계 대전 당시 히틀러와 나치에 반대하는 활동을 펼치고
전쟁 후에는 사회 정의 실현을 위해 노력했던 스테판 에셀.
95세 나이의 그가 젊은이들에게 말하고 싶었던
'더 나은 사회'란 어떤 것일까?

크다의 반대말은?

작다.

기쁘다의 반대말은?

슬프다.

그럼 '사랑한다'의 반대말은?

미워한다.

사랑하지 않는다.

아니, 그보다 더 알맞은 말은

'무관심'

스테판 에셀(1917~2013) :
UN 프랑스 대사, UN 인권위원회
프랑스 대표를 지냈음.

때문에 스테판 에셀은 외쳤다.

"무관심은 가장 나쁜 태도입니다."

생각해
보기 지금보다 '더 나은 사회'란 어떤 사회일까요?

제2차 세계 대전 당시
독일 나치즘에 저항하며
프랑스의 독립을 위해 활약했던 조직
레지스탕스.

★ 레지스탕스 : 침략자에 대한 저항,
특히 제2차 세계 대전 중 프랑스에서
있었던 지하 저항 운동을 나타냄.

25세의 나이에 레지스탕스가 된
스테판 에셀.

"레지스탕스를 하게 된 동기는 분노였다.
분노의 이유는 어떤 감정에서라기보다
참여의 의지였다."

"해야 할 일을 하지 않는 것만큼
나쁜 일은 없다.
혼자서는 아무것도 할 수 없다는 생각으로
숨는 순간
우리는 뭔가를 바꿀 수 있는 힘과
그 결과로 얻을 수 있는 참여의 기회를
영원히 잃어버리고 만다."

전쟁이 끝나고
프랑스 국민들은 열정적으로 참여하는
레지스탕스의 정신을 살려
많은 것을 이루어 냈다.

가난한 자도 살아갈 수 있게 해 주는
사회 보장 제도
퇴직 후에도 편안하게 살게 해 주는
퇴직 연금 제도

★
★★ 외세 : 외부나 외국의 세력

그리고
국가, 돈과 권력, 외세로부터 독립된
언론의 자유

자유 · 평등 · 박애의 정신을 지켜 낸
레지스탕스의 정신 위에
프랑스는 다시 세워졌다.

하지만 아직이라고 말하는 스테판 에셀

"남들보다 훨씬 오래 살다 보니
세상을 다시 보게 되는 이유들이 끊임없이 생겨났다."

불법 체류자와 이민자를 다루는 정책에서 나타나는 차별
퇴직 연금 제도와 사회 보장 제도의 축소
점차 부자들에 의해 좌지우지되는 언론 매체 등을
눈여겨본

스테판 에셀이 내놓은 말

"참여하라."

"어느 누구라도

인간의 권리를 제대로 누리지 못하는 이를 만나거든

부디 그의 편을 들어 주고

그가 그 권리를 찾을 수 있도록 도와줘라."

레지스탕스로 살다가

제2차 세계 대전 후 파리의 해방을 맞고,

외교관이 돼

UN 세계 인권 선언문을 작성했던 그는

은퇴 후에도 갈등과 분쟁이 있는 곳이면

모습을 드러내며 중재자의 역할을 했다.

언제 어디서나

부당하게 어려움에 처한 사람들의 편에 서 주었던

스테판 에셀.

한 세기를 살아 낸
95세의 할아버지가 되어서도
스테판 에셀은
젊은이에게 고한다.

"결코 단념하지 않는 사람이라야
사신의 존엄성을 지킬 수 있고
자신이 서 있는 곳을 지킬 수 있으며
자신의 행복을 지킬 수 있다."

스테판 에셀

스테판 에셀(Stephane Hessel, 1917~2013)은 프랑스의 외교관이자 사회 운동가예요. 독일의 유태인 가정에서 태어나 1939년 20대 초반에 프랑스의 국적을 얻어 프랑스 시민이 되었어요. 제2차 세계 대전이 일어나자 스테판 에셀은 독일 나치에 맞선 레지스탕스로 활동했어요. 체포되어 수용소에 갇히기도 하고 처형될 위기에 처하기도 했지만 신분증을 바꾸고 유창한 독일어 실력을 발휘해 극적으로 살아남았어요.

전쟁이 끝나고 스테판 에셀은 철학을 공부해 외교관으로 일했어요. 그의 목표는 인류의 인권을 높이고 더 나은 사회를 만드는 것이었어요. 1948년에는 UN 세계 인권 선언문을 작성하는 일을 했고, UN 프랑스 대사, UN 인권 위원회 프랑스 대표 등을 지냈지요. 그는 평생을 옳은 일에 참여하며 불의에 맞서 싸웠어요. 2013년 2월 27일 95세의 나이로 생을 마쳤는데, 그의 장례식에는 올랑드 대통령을 비롯해 수많은 프랑스 시민들이 찾아왔어요. 한 세기를 올곧게 살아낸 지성인의 죽음을 추모한 것이지요.

'저항'을 뜻하는 레지스탕스

레지스탕스(resistance)는 저항을 뜻하는 프랑스 어에 기원을 두고 있어요. 역사적으로는 제2차 세계 대전 당시 자기 민족만이 우월하다고 주장한 독일의 나치즘에 저항한 이들을 말해요. 현대에 들어와서는 인간의 자유와 존엄을 지키는 활동을 통틀어 말하지요.

제2차 세계 대전 중 독일에 의해 점령된 프랑스 · 덴마크 · 노르웨이 · 네덜란드 · 폴란드 등 유럽 국가에서 레지스탕스가 나타났어요. 침략당한 조국을 해방시키기 위한 애국 투쟁이었지요. 각국의 레지스탕스는 연합군의 승리에 크게 기여했어요. 특히 프랑스의 레지스탕스들은 남녀노소를 막론하고 일치단결해서 싸웠어요. 1940년 6월 18일 훗날 프랑스의 대통령이 된, 당시 군인이었던 드골은 라디오를 통해 프랑스 국민에게 이렇게 말했어요. "프랑스 레지스탕스의 불길은 꺼져서는 안 되며, 또한 꺼지지도 않을 것이다."

이후 프랑스의 레지스탕스는 더욱 활발하게 움직였고 1944년에는 약 10만 명에 달했어요. 1944년 6월 6일 연합군의 노르망디 상륙 작전이 실시됐고, 9월 초 프랑스 파리에서는 레지스탕스의 지지를 받은 드골이 프랑스 공화국 임시 정부를 수립했어요. 제2차 세계 대전이 끝난 후 레지스탕스들은 민주주의 발전과 인권의 확립을 위해 활동했어요. 인간의 자유와 존엄이 지켜지도록 사회 운동에 참여하고 정치 활동도 했답니다.

젊은이에게 고함 〈분노하라〉

2010년 스테판 에셀은 그의 나이 92세에 32쪽 분량의 작은 책 〈분노하라〉를 발표했어요. 2009년 '레지스탕스의 발언' 모임에서 쩌렁쩌렁한 목소리로 "젊은이들에게는 분노할 의무가 있다."라고 강조한 즉흥 연설 내용을 책으로 엮어 낸 거예요. 이 책은 프랑스 사회에 큰 충격을 던져 주었어요. 레지스탕스로 살아온 한 노인이 젊은이들에게 폭력에 저항하고, 정치적 무관심과 체념을 떨쳐버리라고 했기 때문에 그 소리를 허투루 들을 수 없던 거지요. 스테판 에셀은 책을 통해 더 나은 세상을 꿈꾸라고 호소하기도 했어요. 그의 외침은 전 세계로 퍼져 나갔고 젊은이들의 각성을 불러일으켰어요. 〈분노하라〉는 세계 35개국에서 번역되어 3500만 권 이상 팔렸어요.

13 자비와 평화의 프란체스코, 〈새로운 교황〉

★ 힘든 사람들을 위해 기도한 두 프란체스코

종교가 사람들을 지배하던 중세에 자비를 실천했던 성 프란체스코,
가장 낮은 자리에서 성 프란체스코의 기도를 실천해 가는
현대의 프란체스코 교황. 두 사람를 통해
'사랑의 실천'을 위해 필요한 것은 무엇인지 알아보자.

중세의 유럽

세상을 움직인 것은 인간이 아닌 '신'

당시의 교황은 신의 대리인 역할을 했다.

"교황은 태양, 황제는 달이다."

특히 로마의 교황 인노켄티우스 3세는
스스로를 인간 위의 존재라고 내세우며
절대 권력을 휘둘렀다.

그러나 같은 시대

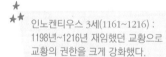

인노켄티우스 3세(1161~1216) :
1198년~1216년 재임했던 교황으로
교황의 권한을 크게 강화했다.

같은 신을 섬겼으나
전혀 다른 삶을 산 이가 있었다.

 사랑을 실천하는 가장 쉬운 방법은 무엇일까요?

중세의 유럽에서

절대 권력을 유지하기 위해

교황은 '사랑과 용서'와는 다른 길을 걸었다.

자신과 같은 신을 믿지 않는다는 이유로

죄 없는 많은 이들을

못살게 굴고 감옥에 가두었다.

또한 자신들의 종교를 보호한다는 이유로

'십자군 전쟁'을 일으켜

많은 사람들을 죽거나 다치게 했다.

그러나
이러한 종교 전쟁 속에서
평화를 이야기했던 사람이 있었다.

이탈리아 아시시의
유복한 상인의 아들로 태어났으나
세상에 속한 것들을 버리고
이웃에 대한 사랑과 헌신을 실천했던
성 프란체스코.

그는 전쟁 대신 평화를 말하고
명령 대신 대화로 이야기했다.

프란체스코 (1182~1226) :
가톨릭교회의 성인. 청빈한 삶을 주장하며
프란체스코 수도회를 세웠다.

"저를 평화의 도구로 써 주소서.

미움이 있는 곳에 사랑을

상처가 있는 곳에 용서를

분열이 있는 곳에 일치를

오류가 있는 곳에 진실을

절망이 있는 곳에 희망을

어둠이 있는 곳에 광명을

슬픔이 있는 곳에 기쁨을 심게 하소서."

스스로 평화의 기도를 올렸던

프란체스코,

그를 두고 사람들은 말했다.

성 프란체스코는

인간의 규칙을 깨고

오직 교리에만 순종했다.

앞으로 프란체스코라는 이름을 가진

교황은 나오지 않을 것이다.

_(교황 바오로 6세, 1897~1978)

교리 : 각 종교의 기본적인 이론으로
체계화된 종교의 가르침을 뜻한다.

그런데

2013년 3월 13일 성 프란체스코와 같은 이름의

새로운 교황이 탄생했다.

바티칸 은행을 개혁하고,

최초로 이슬람교도와 여성의 발을 씻겨 주고,

팔레스타인 분리 장벽 앞에서

평화를 위해 기도한

★
★★ 팔레스타인 : 이스라엘의 국가 건설로
　　살 곳을 잃어버린 아랍 인들이 사는 지역

★
★★ 교황 프란체스코(1936~) : 가톨릭교회
　　266대 교황, 아르헨티나 출신

성 프란체스코를 닮은
프란체스코 교황.

프란체스코 교황은

더 많은 사람을

더 가까이에서 만나기 위해

안전을 위해 준비된 방탄차를 타지 않았다.

"내 나이에 잃을 것은 많지 않습니다.

무슨 일이 생긴다고 해도 그것은 신의 뜻이지요.

무엇보다 통조림 같은 방탄차 안에서는

사람들과 인사할 수도 사랑할 수도

말할 수도 없으니까요."

★★ 방탄차 : 닐아오는 총알을
막을 수 있는 장치를 한 자동차

사람들 위에 서서 권력을 휘두르지 않고
사람들 곁을 함께 지키며

성 프란체스코의 기도를 실천하는
프란체스코 교황.

"위로받기보다는 위로하고
이해받기보다는 이해하며
사랑받기보다는 사랑하게 하소서.
우리는 주는 것으로 받고
용서하는 것으로 용서받으며
죽음으로 영원한 생명을 얻기 때문입니다."

성 프란체스코

성 프란체스코(Francesco, 1182~1226)는 가톨릭교회의 성인이에요. 본명은 조반니 베르나르도네예요. 그는 이탈리아의 부유한 상인 가정에서 태어났어요. 풍족하게 지내던 그는 20세 때 길에서 만난 한센병 환자를 보고 충격을 받아 청빈한 삶을 살기로 결심했어요. 이후로 모든 재산을 버리고 사람들에게 설교를 하며 돌아다녔지요. 이에 프란체스코의 삶을 따르는 사람들이 생겨났어요. 성직자가 아닌 이들은 서로 형제라고 불렀는데 그런 이유로 그 모임을 '작은 형제회'라고 했어요. 이들은 거리에서 설교를 하고, 가난하고 병든 사람들을 돌보는 일을 주로 하면서 집집마다 음식을 구걸하며 돌아다녀 '탁발 수도회'라고도 해요. 이후 1209년 프란체스코는 로마 교황 인노켄티우스 3세를 만나 '작은 형제회'를 새 수도회로 인정해 줄 것을 요구해 승인을 받았지요. 프란체스코 성인은 자애로운 인품과 이웃 사랑의 실천으로 많은 존경을 받았고 오늘날에도 이탈리아를 지키는 수호성인으로 받들어지고 있어요.

교황의 권위에 굴복한 황제, 카노사의 굴욕

중세 유럽의 기독교는 군주들과 타협하면서 교회의 재산을 늘리며 세력을 키워 갔어요. 11세기 무렵 많은 재산을 소유하게 된 교회는 성직을 사고파는 등 부패가 끊이지 않았어요. 이에 교황 그레고리오 7세는 개혁 운동을 추진했어요. 성직을 사고팔지 못하게 하고, 성직자는 결혼을 하지 못하도록 하는 것이었어요. 또 성직자의 임명권을 군주(황제)로부터 교회로 가져오는 것이었어요.

드디어 1075년 12월 교황 그레고리오 7세는 황제의 주
교직 임명을 금지시켰어요. 황제의 권한을 빼앗으려
는 데에 화가 난 신성 로마 제국의 황제 하인리히 4세
는 교황 그레고리오 7세를 폐위하려고 했어요. 이에
교황은 로마 회의에서 황제 하인리히 4세를 파문시키
고 폐위를 하겠다고 선언하며 강력히 맞섰어요.

| 교황에게 간청하는 황제

그런데 이때 주교들과 귀족들이 황제에게 등을 돌렸어요. 결국 하인리히 4세
는 교황에게 굴복해 항복 문서를 보냈어요. 하지만 교황은 이를 받아들이지
않았어요. 황제는 북이탈리아의 카노사 성에 있던 교황을 찾아가 눈 속에서
맨발로 3일이나 서 있었어요. 이렇게 굴욕적인 장면을 연출하고서야 교황의
용서를 구할 수 있었어요. 카노사의 굴욕은 중세 유럽에서 종교인이 얼마나
막강한 권력을 휘둘렀는지 보여 주는 대표적인 사건이에요.

새로운 교회의 시작, 종교 개혁

14세기부터 16세기까지 중세 유럽에서 교황의 권력은 국왕의 권력보다 강했
어요. 하지만 기독교를 수호하겠다며 시작한 십자군 원정이 실패로 끝나고 전
염병이 퍼지면서 신자들의 신앙심도 점차 약해졌어요. 왕과 제후들은 교황에
게 대항하기 시작했어요. 힘이 약해진 교회는 점차 권력과 타협하면서 세속화
되었고, 이에 대해 비판과 개혁을 요구하는 목소리가 높아졌지요.

종교 개혁은 독일에서 시작되었어요. 당시 교황 레오 10세는 성 베드로 대성
당을 고쳐 짓는 데 필요한 비용을 마련하기 위해 벌을 면해 주는 증서인 '면죄
부'를 판매했어요. 신학 교수였던 루터는 1517년 면죄부 판매를 반대하며 교회
의 올바른 운영을 요구한 '95개조 반박문'을 발표하고, 교황의 권위에 맞섰지
요. 결국 1555년 많은 사람의 지지를 얻어 교황의 권위를 부정하고 성서 중심
의 신앙을 주장하는 루터파 교회가 공인되었어요.

고정 관념을 바꾼 인물들

새로운
길을 찾다

14 자동차의 대중화를 이끈 〈자동차의 왕〉

★ 자동차의 대량 생산을 이끈 헨리 포드

"자동차는 더 이상 상류층만을 위한 고급품이 아니다."
자동차의 대량 생산 시스템을 갖추어
누구나 타고 다닐 수 있는 시대를 이끈 헨리 포드.
그가 어떻게 이런 놀라운 일을 할 수 있었는지 알아보자.

위독한 어머니를 위해
말을 타고
이웃 도시로 달려간 소년

아무리 빨리 달려도
줄어들지 않는 거리

결국 너무 늦어
어머니는 돌아가시고 말았다.

"말보다 빠른 것을 만들어 내고 말겠다."

말 없는 마차를 꿈꾼
가난한 농부의 아들, 헨리 포드.

헨리 포드(1863~1947) :
포드 자동차 회사를 설립한
미국의 기업가

그는 어떻게 되었을까?

생각해 보기 자동차를 타고 다닐 경우 좋은 점과 나쁜 점은 무엇일까요?

15세에 학업을 그만두고
기계공이 된 헨리 포드

최고의 발명가 에디슨이 세운
에디슨 회사에서 기술 책임자로까지 일했으나
회사를 나와

1903년 그의 나이 40세에
자동차를 만드는 회사 '포드'를 설립한다.

회사를 경영하며 그가 이뤄낸 것은
동일한 생산 공정을 반복하는 '표준화'
각자 자신이 맡은 부분만 담당하는 '분업화'
자신의 일을 완벽하게 해내는 '전문화'.

회사 설립 후 그가 노동자들에게 내건
파격적인 조건은
'1일 8시간 노동에 최저 임금 5달러'

1914년 당시 자동차 업계의
평균 임금은 2.34달러, 노동 시간은 9시간.

포드 공장 문 앞으로
1만여 명의 노동자가 몰려들었다.

"효율적으로 일할 수만 있다면

회사도 돈을 많이 벌고

노동자도 더 많은 임금을 받을 테니

모두가 좋아질 것이다."

자동차 1대 조립 시간

750분에서 93분으로 단축

포드 T형 자동차 가격

825달러에서 255달러로 인하.

(당시 자동차의 평균 가격 2000달러)

헨리 포드의 노력으로
자동차의 대량 생산 시스템이 완성되었다.

회사 설립 10여 년 만인 1914년

경쟁 자동차 회사가 6만 6350명의 직원으로

한 해에 28만 대의 자동차를 생산할 때

포드 자동차 회사는 1만 3000명의 직원으로

약 30만 대의 자동차를 생산했다.

그렇게 포드 T형 자동차로 포드는

미국 최대의 자동차 제조업체가 되었고

1924년에는 미국 자동차 시장의

절반 가까이를 차지했다.

헨리 포드가 이룩한 가장 놀라운 성과는

'소수 계층만이 이용할 수 있던 자동차를
누구나 이용할 수 있는 공산품으로 바꿔 놓은 것.'

인간이 해낸 가장 위대하고 놀라운 발견은,
할 수 없을 것 같다며 두려워하던 일조차도
사실은 해낼 수 있다는 것을 알게 된 것이다.

_(헨리 포드)

그리고

포드 자동차의 성공 속에서도

헨리 포드가 잃지 않았던 경영 원칙 4가지

첫째 미래에 대한 공포와 과거에 대한 존경을 버릴 것

둘째 경쟁 중심으로 일하지 말 것

셋째 봉사가 이윤에 선행할 것

넷째 값싸게 만들어서 값싸게 팔 것

헨리 포드는 기업 역시
사회를 위한 봉사 기관이라고 생각했다.

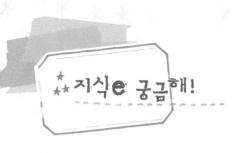

자동차의 왕 헨리 포드

자동차의 왕으로 불린 헨리 포드(Henry Ford, 1863~1947)는 미국의 자동차 회사 '포드'를 만든 사람이에요. 농부의 아들로 태어난 그는 어릴 적부터 기계에 남다른 흥미를 가지고 있었어요. 어른이 되어서도 기계와 관련된 일을 하다가 1903년 40세에 마침내 동업자와 함께 자동차 회사 '포드'를 설립했지요.

당시에는 생산 과정을 전문적인 부문으로 나누어서 일하는 분업의 개념이 없었어요. 여러 사람이 자동차 한 대를 만들기 위해 처음부터 끝까지 매달렸지요. 헨리 포드는 공장에 분업 체계를 만들었어요. 즉, 여러 사람이 차를 만들되 각자 맡은 부분만 조립하도록 설비를 갖추어 대량 생산을 이루어 냈지요.

1914년 포드는 노동자들에게 '1일 8시간 노동에 최저 임금 5달러'라는 당시로서는 획기적인 조건을 내놓았어요. 효율성을 높이고 생산량을 늘려, 제품의 가격을 낮추고 판매량도 늘린다는 계획이었지요. 그 결과 포드 자동차는 1924년 미국 자동차 시장의 50%를 차지할 정도로 성장했어요.

하지만 이후 노동조합을 인정하지 않고, 단순노동만을 강요하는 근로 환경을 고집해 경영이 어려워지기도 했어요. 헨리 포드에 대해서는 자동차 산업을 근대화하고 대량 생산 체계를 만든 자동차의 왕이라는 평가와 노동자를 인정하지 않는 강압적인 경영자였다는 평가가 엇갈리고 있답니다.

자동차의 발명

자동차의 시작은 바퀴의 발명으로 거슬러 올라가요. 바퀴가 발명된 후 인류는 물건이나 사람을 태우고 가는 차를 만들기 위해 꾸준히 노력했어요. 역사적으로 최초의 자동차는 1482년 레오나르도 다빈치(1452~1519)가 만든 태엽으로 움직이는 자동차예요. 장난감 수준이었지만 자동차의 기원이라 불리고 있지요. 이후 1569년 폴란드의 시몬 스테빈(1548~1620)이 풍력 자동차를 발명했어요. 지름이 1.5m인 4개의 큰 나무 바퀴에 돛을 단 수레를 연결해 바닷가를 달렸는데 말보다 빨랐다고 해요. 하지만 큰 돛을 달고 바람에 의해 나아가는 모습이 오늘날의 자동차와는 많이 달랐어요.

| 죠셉 퀴뇨의 증기 자동차

현재의 자동차와 같은 모습을 갖춘 차가 만들어진 것은 1765년 제임스 와트(1736~1819)가 증기 기관을 발명하면서부터예요. 1769년 니콜라스 조셉 퀴뇨(1725~1804)는 최초의 증기 자동차를 발명했어요. 프랑스의 공병 대위였던 그는 대포를 끌고 다닐 목적으로 바퀴가 3개인 증기 자동차 2대를 만들었어요. 당시 무거운 증기 엔진을 실은 자동차는 겨우 5km/h로 달렸고, 15분마다 보일러의 물을 보충해 줘야 했어요. 작동이 쉽지 않았고, 브레이크도 없어 파리 교외에서 사고를 내기도 했지요. 이 자동차는 교통사고를 낸 첫 자동차로 기록돼 있어요.

사람이 타고 다닐 수 있는 승용차를 처음으로 만든 것은 영국의 젊은 광산 기술자 리차드 트레비딕(1771~1833)이었어요. 트레비딕은 1801년, 커다란 바퀴가 3개인 자동차를 만들어 8명의 사람을 태우고 런던 시내를 13km/h로 달렸지요. 하지만 주행 시험을 위한 운전 중에 작은 바위에 부딪혀 핸들이 부러지고 전복되는 사고를 일으켰어요. 그 후, 증기 자동차는 대중교통에 활용돼 1826년부터 런던 시내와 다른 지역을 정기 운행했어요.

1885년 독일의 칼 벤츠(1844~1929)는 바퀴 3개로 움직이는 휘발유 자동차를 발명하고 시운전을 했어요. 그리고 이듬해 특허까지 내고, 대중에게 '벤츠 페이턴트 모터카'를 판매했지요. 벤츠의 자동차는 250kg의 무게에도 16km/h의 속도로 달렸어요. 첫해에 만든 두 대 중 한 대는 뮌헨 도이치 박물관에 보관돼 있는데, 아직도 달릴 수 있대요.

포드의 역사

포드 자동차 회사는 자동차를 제조 · 판매하는 다국적 기업으로 간단히 '포드(Ford)'라고도 해요. 포드는 1903년 6월 16일 미국 미시간 주 디어본에서 헨리 포드와 11명의 동업자가 공동으로 설립했어요. 현재까지도 디어본에 포드 본사가 있지요. 포드는 1913년 같은 기능을 하는 부품끼리 같은 모양과 크기로 만들어 분업을 최초로 도입했어요. 각각의 작업자가 정해진 순서대로 맡은 부분만 단순하게 조립하면 하나의 자동차가 완성되도록 한 거지요. 기업 입장에서는 비용이 적게 들고 품질 관리도 잘할 수 있게 되었어요.

이외에도 포드는 합리적인 계획 · 조직 · 관리 · 경영 방식을 도입해 회사를 키워 나갔어요. 또한 포드는 트랙터, 전자 제품, 미사일 부품 등 다양한 것들을 생산했어요. 아직까지도 포드의 트럭은 큰 차를 선호하는 미국인들로부터 사랑받고 있답니다.

고종 황제가 탄 최초의 어차

| 다임러 리무진

우리나라에서 최초로 운행된 차는 1903년 고종 황제 즉위 40주년을 맞아 미국에 주문했던 '포드 A형 리무진'이에요. 미국 디트로이트에서 제작된 4인승 자동차로 현재 춘천의 애니메이션 박물관에 같은 모델의 차가 전시되어 있어요. 한편 고종 황제가 전용으로 사용한 첫 어차는 '로열 다임러 리무진'이에요. 1911년 영국의 자동차 회사 다임러로부터 들여왔어요. 2년 후인 1913년에는 순종 황제가 타기 위해 미국에서 캐딜락 리무진 한

대를 더 들여왔어요. 황실의 위엄에 걸맞게 아주 고급스러운 모양을 하고 있는 이 차들은 오랜 역사 속에서도 잘 보존돼 왔어요. 최근에는 복원 과정을 거쳐 창덕궁 어차고에서 전시되고 있어요.

우리나라에서 만든 최초의 자동차 '시발'

우리나라는 현재 세계에서 다섯 번째로 많은 차를 생산하는 자동차 강국이에요. 2010년도부터 연간 300만 대 이상의 자동차가 만들어져 세계로 수출되고 있지요. 우리나라에서 달리는 자동차만 해도 2014년 기준 2000만 대가 넘어요. 그런데 우리나라가 자동차를 만들기 시작한 것은 얼마 되지 않았어요. 1955년에서야 외국에서 만들어진 부품을 조립해 자동차를 만들 수 있었지요. 그것도 제대로 된 공장이 아니라 천막에서 말이에요.

최초의 국산 자동차의 이름은 '시발'이었어요. 주요 부품은 미군에서 판매한 지프 엔진, 변속기, 차축 등을 이용해 제작했는데 국내에서 만든 부품은 50% 정도였어요. 우리 손으로 만든 첫 자동차인 만큼 당시 사람들의 긍지는 대단했지만, 한 대를 만드는 데 4개월이 걸릴 정도였으니 제작 기술이 뛰어났던 것은 아니었지요. 게다가 당시 시발 한 대 값은 8만 환으로 너무 비싸서 별로 팔리지 않았어요. 8만 환을 당시의 환율로 환산하면 160달러예요. 그런데 당시 우리나라의 국민 소득은 고작 60달러였어요. 3년 가까이 모아야 장만할 수 있는 큰돈이었어요. 하지만 1957년 광복 12주년 기념 박람회에서 최우수 상품으로 선정되면서 고객이 생겨나기 시작했어요. 밀려드는 주문을 소화하지 못해 자동차 가격이 8만 환에서 30만 환까지 치솟을 정도였지요. 시발 자동차의 전성기는 1962년까지 이어졌어요.

| 시발 자동차

일본의 닛산과 기술을 제휴한 새나라 자동차가 산뜻한 차를 생산해 내면서 시발 자동차는 역사의 뒤안길로 사라지게 됐지요.

15 실패했지만 가장 위대한 도전, 〈돌아온 28인〉

★ 조난당한 대원을 2년에 걸쳐 구해 낸 대장 섀클턴

남극 탐험 중 극한의 추위 속에서 벌어진 약 2년 동안의 조난.
그러나 대장 섀클턴은 끈질긴 노력으로 대원 27명을 무사히 귀환시킨다.
섀클턴이 대원들을 구조해 낸 과정에서 겪은 어려움을 알아보고,
진정한 리더의 덕목은 무엇인지 생각해 보자.

1911년 12월 14일

노르웨이 인 아문센과 동료들은

세계 최초로 남극점에 도달했다.

그 이후에도 탐험가들의

남극 대륙 탐험은 계속됐다.

표면의 98%가 얼음으로 덮여 있고

얼음의 평균 두께는 2160m,

연 평균 기온 영하 30℃,

최저 영하 89℃까지 떨어지는 곳.

어니스트 섀클턴(1874~1922) :
영국의 탐험가

이 극한의 상황에 도전했던

수많은 탐험가들 중에서

어니스트 섀클턴은

'가장 위대한 실패자'로 불린다.

그런데 '위대한 실패자'란 무슨 뜻일까?

 반의 리더인 회장은 어떤 친구가 되어야 할까요?

남극점 최초 정복을 아문센에게 빼앗긴

어니스트 섀클턴은

남극 대륙 횡단을 목표로 대원들을 모집한다.

"위험천만한 여행에 참가할 사람 모집.

임금은 많지 않음.

혹독한 추위, 수개월 계속되는 칠흑 같은 어둠,

끊임없이 다가오는 위험,

게다가 무사 귀환이 의심스러운 여행임.

그러나 성공할 경우

명예와 인정을 받을 수 있음."

5000명이 넘는 지원자 중에

섀클턴은 27명을 선발한다.

1914년 8월

드디어 그들을 태운 인듀어런스 호가

영국에서 출발했다.

그러나 출항 44일 만에

험난하기로 유명한 웨들 해를 항해하던 중

부빙에 갇혀 표류하고 만다.

그리고 탐험 시작 6개월 만에

인듀어런스 호 침몰…….

★
★★ 웨들 해 : 대서양 남부와 남극
대륙 사이에 있는 바다

★
★★ 부빙 : 물 위에
떠다니는 얼음덩이

탐험은 이렇게 끝이 났다.

그러나 여기가 끝은 아니다!

"이제 우리의 목표는
남극 횡단이 아니라 무사 귀환이다."

섀클턴과 동료들은
인듀어런스 호 침몰지에서 2km 떨어진 부빙에
캠프를 설치하고 구조를 기다린다.

그리고 계속 캠프를 옮겨서 세우다
얼음이 녹는 해빙기에 접어들자
안전한 섬으로 피신을 결정한다.

그러나 섬까지의 거리는 약 100km
이용할 수 있는 것은 구명보트 세 척뿐
게다가 극한의 추위…….

섬을 향한 험난한 항해 10일 후,

문명 세계에서 떠나온 지 497일 만에,

표류 170일 만에

엘리펀트 섬에 도착했다.

★★ 엘리펀트 섬 : 남극해의
사우스 셰틀랜드 제도 외곽 지역의
해안에서 조금 떨어져 있는 섬

사람이 살지 않는 무인도

배의 항로에서 한참 벗어난 곳

배가 와도 댈 곳이 없고

보이는 생명체는 펭귄이 전부인 곳.

생존과 무사 귀환을 위한
고난은 계속됐다.

그러나 섀클턴은

가장 안 좋은 침상에서 자고

대원들에게 자신의 먹을 것을 나눠 주며

희망을 놓지 않았다.

엘리펀트 섬에 도착하고 며칠 후

"구조 요청을 위해 2000km 떨어진
사우스 조지아 섬으로 출발합시다."

작은 보트 한 척으로
시속 100km의 바람과 싸우며
20m 높이의 파도를 가르고 가야 한다.
도중엔 멈출 수 있는 섬조차 없다.

그러나 대부분의 대원들이 자원했다.
섀클턴은 표류 생활에 가장 불만이 많은
5명의 대원을 뽑아 섬을 떠났다.

남겨진 대원들이
서로를 도우며 생존할 수 있도록!

그리고 섀클턴이 보트에 올라 외친
마지막 명령
"우리가 성공하지 못한다면
남은 사람들을 우리 손으로 죽인 것이나 마찬가지이다.
꼭 살아서 돌아와야 한다."

보트는 항해 20일 만에
사우스 조지아 섬에 도착한다.
그리고 사람이 있는 기지까지 가는 데
또 다시 9일이 걸렸다.

그사이 엘리펀트 섬에 남겨진 22명의 대원들

남아 있는 보트 2개로 움막을 만들고
하루 11마리의 펭귄을 잡아먹으며
대장이 돌아오기만을 기다린다.

그러나 찾아오는 불안

"대장이 떠난 지 석 달이 지났다.
이곳에 와서 식량으로
펭귄 1300마리를 먹었다.
어쩌면 대장은 오지 않을지도 모른다."

한편

1916년은 제1차 세계 대전이 치러지던 시기
유럽 대부분의 나라가 전쟁으로 폐허가 됐다.

"지금 전쟁 중이라
남아 있는 배가 한 척도 없습니다."

"당신네들만 전쟁을 하고 있는 것이 아니오.
우리 대원들이 죽어가고 있단 말이오."

죽을 고비를 넘기고 육지에 도착했지만
대다수 대원들의 모국인 영국마저도
구조선 지원을 거부했다.

1916년 5월 새클턴은 드디어
구조선을 구해 엘리펀트 섬으로 향한다.
하지만 기상 악화로 무수히 길이 막혔다.

마침내 8월 30일
엘리펀트 섬으로 다가오는 한 척의 구조선

칠레 정부가 급히 보내 준 군함 위에서
쌍안경을 보며 대원들의 숫자를 세는 새클턴.

"한 사람도 빠짐없이 무사한가?"
새클턴의 외침에 대원들이 대답한다.

"네! 모두 무사합니다."

탐험은 참담한 실패

그러나
남극이라는 극한의 지역에서
조난 637일 동안
단 한 명의 사상자도 없었던
'위대한 항해'

'섀클턴의 위대한 실패'.

왜 탐험가들은 극지방에 가려고 할까?

인류는 최근까지 남극과 북극에 대해 잘 알지 못했어요. 얼음으로 둘러싸인 데다 극한의 추위 때문에 탐험할 엄두를 내지 못했지요. 따라서 극지방을 최초로 탐험한 사람이나 나라는 대단한 업적을 이룬 것으로 인정되었고, 해당 국가는 주변의 바다와 육지에 대한 통치권을 확보할 수 있다고 생각했어요.

남극 탐험에 처음 성공한 사람은 노르웨이의 아문센(Roald Amundsen, 1872~1928)이에요. 아문센의 탐험대는 식량난과 극한의 기후를 견디며 힘든 항해를 이어갔어요. 1911년 12월 14일, 드디어 아문센과 그의 대원들은 남극점에 노르웨이 국기를 꽂을 수 있었지요. 노르웨이를 떠나온 지 1년 반, 남극 대륙에 도착한 지 11개월 만이었어요. 아문센이 남극 탐험에 성공하자 노르웨이는 극지방의 개발에 우선권을 확보하게 되었고, 극지방의 지리와 해양 탐구에 앞장서게 되었답니다.

| 아문센의 남극점 정복

역사의 라이벌 아문센과 스콧

아문센과 스콧(Robert Falcon Scott, 1868~1912)은 남극 탐험의 역사에서 빼놓을 수 없는 인물이에요. 아문센이 남극 탐험에 성공하기 전, 영국의 스콧과 노르웨이의 아문센은 각각 세계 최초의 남극점 도달을 시도했어요. 세계의 매스컴은 누가 먼저 남극점에 깃발을 꽂는가에 관심을 가졌지요. 그러다 1911년 12월 14일 아문센이 스콧보다 먼저 남극점에 도달했어요. 스콧도 1912년 1월 17일에 남극점에 도달했지만 노르웨이 국기가 꽂혀 있는 것을 보고 허탈한 심정이 되었지요. 실망한 스콧은 집으로 돌아오는 길에 조난을 당해 추위 속에서 방향을 잃고 헤매다 죽고 말았어요.

불굴의 탐험가 섀클턴

어니스트 섀클턴(Ernest Shackleton, 1874~1922)은 어진 아버지와 자상한 어머니 밑에서 사랑을 듬뿍 받으며 런던 교외에 있는 시골에서 유년 시절을 보냈어요. 책 읽기를 좋아하던 그는 쥘 베른의 소설 〈해저 2만 리〉를 읽은 후 탐험가의 꿈을 꾸었어요. 그래서 선장이 되고 싶었지만 가정 형편상 해군 사관 학교에 들어가지 못했어요. 그래도 꿈을 포기하지 않고 16세에 선원이 되어 일하면서 항해사 과정을 마치고 1898년 24세의 나이에 선장이 되었어요.

섀클턴은 평생 4번 남극 탐험에 도전했어요. 첫 번째 탐험은 탐험가 스콧과 함께였어요. 하지만 중간에 괴혈병으로 포기해야 했지요.

두 번째 도전에서는 스콧보다 남극점에 더 가까이 갔지만, 남극의 알프스 산을 세계 최초로 정복한 것에 만족하고 돌아와야 했어요.

그 후 아문센의 남극점 정복과 스콧의 죽음을 전해 들은 섀클턴은 목표를 남극점 정복에서 남극 대륙 횡단으로 변경했어요. 그리고 1914년 8월 '위대한 항해'라는 수식어가 붙는 세 번째 탐험을 시작했지요. 인듀어런스 호를 타고 영국을 출발해 남극 대륙 횡단에 나선 섀클턴과 27명의 대원들은 중간에 조난을 당하고 말았어요. 이때 600여 일에 걸친 오랜 사투 끝에 전원이 무사히 돌아온 일로 이 탐험을 남극 횡단에는 성공하지 못했지만 '위대한 항해'라고 칭해요. 조난 당시 남긴 일기와 사진으로 섀클턴의 뛰어난 리더십을 엿볼 수 있어요.

마지막 탐험이 시작된 1920년 봄, 섀클턴은 갑자기 심장 발작을 일으켜 죽고 말았어요. 사우스 조지아 섬을 출발해 남극으로 떠나던 날 밤이었지요.

남극은 어디?

남극은 남극 대륙과 주변을 둘러싸고 있는 남극해를 통틀어 말해요. 영국인 선장 윌리엄 스미스가 1819년에 남극에서 북쪽인 사우스 세틀랜드 군도를 발견해 세상에 알려지게 됐어요. 남극 연안과 섬에서는 남극물개와 코끼리해표, 고래 등이 살아요. 남극 대륙은 1362만 ㎢로 대륙의 98%가 평균 두께 2160m(최대 두께 4776m)의 얼음으로 덮여 있어요. 동남극의 얼음량은 2600만 ㎢, 서남극의 얼음량은 330만 ㎢로 어마어마한 양이지요.

남극은 어느 나라 땅일까?

현재 남극은 어느 나라의 영토일까요? 남극은 인류 공동의 유산으로 특정 국가의 영유권이 적용되지 않고 있어요. 때문에 순수한 과학 조사를 위해 어느 나라든 갈 수 있는 곳이지요.

하지만 남극에 대해 이런 인식을 갖게 되기까지 많은 일들이 있었어요. 남극은 혹독한 추위와 접근이 어려운 지리적인 환경 때문에 발견된 후에도 많은 국가의 관심을 받지는 못했어요. 20세기에 들어서야 아문센의 남극 탐험이 성공을 이루고, 과학 기술의 발달로 자연환경의 조사가 가능해지자 남극의 천연자원에 대한 관심이 커지면서 유럽 국가를 중심으로 영유권 주장이 일어났어요. 특히 영국, 호주, 칠레, 프랑스, 아르헨티나, 뉴질랜드, 노르웨이 등은 지리적으로 더 가깝다거나 한 발 앞선 남극의 발견이나 남극 탐험의 성공 등을 내걸며 각자의 권리를 주장했어요.

이러한 국제 분쟁을 해소하기 위해 국제 지구 관측년(International Geophysical Year)이 중재에 나섰어요. 이 기구는 태양의 흑점 활동이 극대화된 1957년~1958년에 70개 나라가 협동해 지구 물리 현상을 관측하면서 만들어졌어요. 이때 빙하학, 지진학, 측지학도 함께 연구했는데 남극 대륙에 대한 국제 분쟁을 미리

방지하고자 국제 협력을 해야 한다고 주장했지요. 그 결과 1959년에 '남극 조약'이 채택되었어요. 남극 조약은 남극의 대륙과 바다를 군사적으로 이용하는 것을 금지하고, 누구나 과학 조사와 연구의 자유를 누릴 수 있다는 남극 대륙 평화 이용 조약이에요. 최초의 가입국은 앞의 7개 나라 외에 미국과 구소련, 벨기에, 남아프리카 공화국, 일본이었고 우리나라는 1986년에 33번째로 가입했답니다.

세종 기지와 장보고 기지

우리나라는 1978년에 남극 진출을 시작했어요. 남극해에서 크릴새우를 조사한 것이 처음이었지요. 그리고 1988년에 남극 서남쪽 킹조지 섬에 남극 세종 기지를 세웠어요. 우리나라 연구원들이 기지에서 살면서 독자적으로 연구를 할 수 있게 된 거지요. 세종 기지에서는 대기 과학, 지질학, 지구 물리학, 해양학, 우주 과학 등을 연구해요.

그리고 2015년 2월 우리나라의 두 번째 남극 기지인 장보고 기지가 문을 열었어요. 장보고 기지가 세워진 이유는 세종 기지가 갖고 있는 한계점을 보완해 남극 연구를 다양하게 하기 위해서예요. 세종 기지가 위치한 킹조지 섬은 남극 북쪽의 끝에 있어서 남극 본도 연구에는 어려움이 있어요. 장보고 기지는 남극 대륙 남쪽 테라노바 만에 세워져 보다 적극적인 연구가 가능해요. 또한 세종 기지를 포함한 대부분 나라의 기지가 컨테이너 여러 개를 모아 놓은 것처럼 생긴 것에 비해, 장보고 기지는 하나의 건물로 만들어졌어요. 보다 효율적으로 연구와 실험을 할 수 있고, 연구원들의 생활도 편리해졌지요. 현재 장보고 기지에서는 빙하, 대기 과학, 우주 과학, 운석 탐사, 해양 생태계의 모니터링, 육상 생태계의 변화 등을 연구하고 있어요.

지구의 환경 변화를 그대로 나타내는 남극의 조사는 지구가 앞으로 어떻게 변화될지 예측하고 대비할 수 있는 중요한 연구랍니다

16 불협화음의 독특한 음악가, ⟨찰스 아이브스⟩

★ 아버지가 사랑한 소리들로 독특한 음악을 탄생시키다

'미국 현대 음악의 아버지'라는 평가를 받으며
퓰리처상까지 수상한 찰스 아이브스.
하지만 그의 '제3교향곡'은 완성된 후 처음 연주되기까지 40년이 걸렸다.
아무도 알아주지 않는 일을 오랫동안 해 왔던 힘은 무엇이었을까?

"여러 번 시도했지만 연주에 실패했습니다.
음악적인 한계를 느낍니다."

이렇게 말하며 지휘자는 번번이
그의 악보를 되돌려 주었다.

"또다시 실패.
하지만
내 음악을 인정해 준 사람도 있다.
나의 아버지."

힘들 때마다 아버지를 떠올리던
찰스 아이브스.

> ★
> ★★ 찰스 아이브스(1874~1954) :
> 새로운 음악 양식을 만든 미국의
> 대표적인 작곡가. 퓰리처상 수상

그는 아버지와
어떤 음악적 교감을 나누었을까?

 부모님에게 들은 말 중 기억에 남는 말은 무엇인가요?

찰스 아이브스의 아버지는 소리를 수집했다.
빗소리, 종소리, 천둥소리……
귀에 들리는 것이라면 작은 소리 하나 놓치지 않았다.

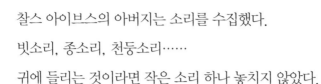

음악 교사이면서
마을 악단의 리더였던 그의 아버지는
그 소리들을 음악으로 표현했다.

사람들은 괴짜라고 했지만
찰스 아이브스는 아버지의 음악을 통해
귀를 열 수 있었다.

세상 사람들이 알아주지 않았지만
그는 아버지의 음악이 좋았다.

찰스 아이브스는 아버지처럼
다양한 소리를 이용해 작곡을 시작했다.
하지만 사람들에게는 낯선 불협화음이었다.

"아니, 이건 끔찍한 소음이군!"

★★ 불협화음 : 둘 이상의 음이
서로 어울리지 않아 불안정한
느낌을 주는 소리

사람들의 무관심은 달라지지 않았다.
그때마다 그에게 위로가 된 것은
돌아가신 아버지의 말씀.

"아들아,
네가 하고 있는 것이 무엇인지 알고 있다면
그건 모두 맞는 것들이란다."

음악을 만들고 40여 년이 지나서야
사람들은 그의 음악을 이해하기 시작했다.

어려서부터 오르간을 배우고

예일 대학교에서 당대 최고의 작곡가인

호레이쇼 파커로부터 작곡과 오르간을 배웠던

찰스 아이브스

호레이쇼 파커(1863~1919) :
예일 대학교의 음악 교수였던
미국의 대표 작곡가

그러나 그가 대학교를 졸업하고

선택한 직업은

연주가도 작곡가도 아닌 보험 사업가.

"만일 어떤 사람이 부양가족 없이 혼자 산다면

아름다운 음악을 작곡해도 되지만,

멋진 아내와 예쁜 아이들이 있다면

소리의 부조화를 연구하겠다는 명목으로

이들을 굶도록 내버려 둘 수 있겠는가?"

찰스 아이브스는 점심시간과 퇴근 후에
작곡에 매달렸다.

그의 음악은
음악의 기본인 조가 없었고
리듬은 너무도 자유로웠으며
전통적인 악기 편성도 무시했다.
서로 다른 박자를 겹쳐 놓기까지 했다.

★
★★ 조 : 장조, 단조 등
    질서 있는 음의 구조

혁신적이고 독특한 기법은
연주될 수 없는 곡이라는 비난을 받았다.

하지만 사람들이 그의 음악을 이해하게 되면서

그의 음악은 곧 유명해졌다.

★★ 퓰리처상 : 미국에서 가장 권위 있는
보도 · 문학 · 음악상. 언론인 퓰리처의
유산 50만 달러를 기금으로 1917년 창설됨.

1946년 '제3교향곡'을 직접 지휘해 연주

1947년 퓰리처상 수상

1951년 '제2교향곡' 레너드 번스타인 지휘로

뉴욕 필하모닉 오케스트라 연주

★★ 레너드 번스타인(1918~1990) : 미국 태생의
지휘자. 세계적으로 유명한 뉴욕 필하모닉
오케스트라를 10년간 이끌었다.

이 나라에는 위대한 작곡가가 살고 있다.

그는 스스로 어떻게 배울 것인가를 해결했고,

칭찬과 비난을 받는 데 무관심했다.

그의 이름은 찰스 아이브스이다.

_(아르놀트 쇤베르크, 현대 음악가)

★★ 아르놀트 쇤베르크(1874~1951) :
12음기법의 창시자로 순수 음악
예술에 매진한 음악가

1954년, 찰스 아이브스는
우주의 모든 소리를 담고자 했던
'우주 교향곡'을 미완성으로 남겨 놓고
세상을 떠났다.

아버지가 사랑했던 소리들을
독특한 음악으로 탄생시킨
그래서 시대를 조금 앞서 간 음악가
찰스 아이브스.

"사람들은 익숙한 소리를
아름다운 소리라고 생각한다.
나는 그런 생각이야말로
음악 발전의 걸림돌이라고 생각한다."

미국 현대 음악의 아버지 찰스 아이브스

찰스 아이브스(Charles, Ives, 1874~1954)는 미국 코네티컷 주 댄베리에서 태어났어요. 찰스 아이브스의 아버지는 댄베리의 밴드를 이끌었지요. 비를 맞으며 빗소리를 듣는다든지, 망치 소리, 톱질 소리 등 다양한 생활 기구의 소리를 듣는 것을 즐겼어요. 그리고 그 소리를 음악으로 표현해 보고 싶어 했지요. 찰스 아이브스는 이러한 아버지의 음악적 성향에 많은 영향을 받았어요. 어려서 오르간을 배우고 1894년부터 4년간 예일 대학교에서 음악을 공부했지요.

그런데 찰스 아이브스는 대학교를 졸업하고 작곡가나 지휘자의 길을 걷지 않았어요. 뉴욕의 보험 회사에서 일하며 아르바이트로 교회 오르간을 연주할 뿐이었지요. 1906년에는 보험 회사를 설립하고 회사 일을 더 열심히 했어요. 그가 세운 아이브스&마이릭 생명 보험 회사는 미국에서 가장 큰 보험 회사로 꼽힐 정도였지요. 다만 아이브스는 점심시간과 퇴근 후에는 작곡에 전념했어요. 그러다가 53세에 일을 그만두고 하녀와 고양이를 데리고 은둔 생활을 시작하지요. 이후에는 대외적인 활동을 거의 하지 않았어요. 그러다가 1946년 '제3교향곡'을 초연하고, 다음 해에 77세의 나이로 퓰리처상까지 받게 되었어요.

미국의 음악

미국은 신대륙에 건설된 역사가 짧은 나라예요. 1775년 독립 전쟁이 시작되고 약 240년 정도 밖에 되지 않았어요. 때문에 미국의 음악 역사도 길지는 않아요. 미국이 독립할 즈음, 유럽에서는 오랜 역사를 자랑하며 많은 음악가들이 활동하고 있었지만 미국에서는 찬송가를 부르는 정도였지요. 이후 많은 이민자들이 미국으로 옮겨오면서 모국의 음악을 가져와서 퍼뜨렸어요.

18세기 후반에는 프랜시스 홉킨슨(Francis Hopkinson, 1737~1791)나 윌리엄 빌링즈(William Billings, 1746~1800) 같은 작곡가가 나타났어요. 그리고 유럽의 음악가들이 미국으로 건너오면서 음악 활동이 꽤 활발해졌지요. 19세기에는 각종 음악 기관이 만들어졌어요. 뉴올리언스에 오페라 전문 극장이 생기고, 뉴욕에는 상설 교향악단이 창설되었지요. 대학교의 작곡과에서도 많은 작곡가들이 배출되었어요. 또한 유럽의 유명한 음악가들이 미국 각지를 돌며 공연하는 순회 공연도 유행했어요. 이후 미국의 음악은 여러 종류의 성향이 나타나면서 함께 발전하게 되는데, 미국의 특징인 다양성이 음악에서도 무르익게 되지요.

재즈, 록 그리고 랩

미국의 대중음악을 이야기할 때 빼놓을 수 없는 장르가 재즈, 록 그리고 랩이에요. 재즈는 아프리카계 흑인들이 고된 삶을 살아갈 때 위안이 되어 준 블루스에서 파생된 음악이에요. 슬프고 우울한 분위기의 블루스에서 자유분방하고 즉흥적인 재즈가 탄생했지요. 이민자들의 정착기, 산업의 발전기에 재즈가 인기를 끌었어요.

이어서 나타난 록은 직설적이고 거친 표현으로 젊은 세대의 목소리를 대신해 주었어요. 1960년대 미국의 젊은이들은 정의, 인권, 평화를 주장하며 록 음악을 통해 하나로 뭉쳐서 자신들의 생각을 표현했지요. 그리고 랩은 1970년대 흑인 젊은이들 사이에서 유행하기 시작했는데, 즉흥적으로 만들어 부르는 가사와 빠른 비트로 흑인들이 느끼는 인종 차별과 사회적 박탈감을 노래했어요. 지금은 흑인들뿐만 아니라 전 세계의 음악가들이 사랑하는 음악 장르가 되었답니다.

17 곤충의 변태를 입증하다, 〈수리남으로 간 메리안〉

★ 곤충을 사랑했던 소녀, 곤충학자가 되다

아무도 곤충의 변태를 믿지 않던 시절,
곤충 관찰을 평생의 일로 여기며 홀로 탐험에 나섰던 메리안.
위대한 곤충학자로 인정받기까지 그녀가 걸었던 길을 살펴보고
스스로 자신의 길을 개척한 삶의 자세를 배워 보자.

17세기 독일

곤충에 대한 사람들의 일반적인

엉뚱한 생각

'애벌레는 쓰레기에서 생겨나고

반딧불이는 풀잎 이슬에서 생긴다.'

이렇게

곤충의 생태에 대해서는

생각해 보지도,

연구해 보지도 않고

누구도 감히 상상도 못할 때

곤충의 변태를 세상에 알린

마리아 지빌라 메리안.

★★ 변태 : 동물이 성장하는
과정에서 큰 형태 변화를 거쳐
성체가 되는 현상

★★ 마리아 지빌라 메리안(1647~1717) :
독일 태생. 최초의 여성 곤충학자

 무언가를 오래도록 관찰해 본 적이 있나요?

날이 따뜻해지면 나타났다가
가을이 되면 사라지는 나비를
'여름새'라고 불렀던 시절

**생물은 자연계에서 존재하는
무생물로부터 우연히 발생한다.**

_(아리스토텔레스)

사람들은 아리스토텔레스의 학설을
진리로 받아들이고 있었다.

그리고 수 세기 동안 사람들이 가졌던
곤충에 대한 생각

아리스토텔레스(BC 384~BC 322) :
고대 그리스의 철학자. "생물은 부모
없이도 생겨날 수 있다."며 자연
발생설을 주장했다.

'저 하찮고 성가신 것들이
사라졌으면 좋겠어!'

누구도 곤충을 관찰해
생명의 변화를 기록하지 않았다.

그러나 나비의 화려한 날갯짓을 바라보며
감탄했던 한 소녀.

"나뭇가지에 달라붙어 있는 것은
씨앗이 아니었어!"

그리고 번데기를 관찰하며 발견한
곤충의 마법 같은 변화!

"이 기적을 사람들에게 알리는 것이
내가 할 일이야!"

여자가 할 일은
집안일과 아이 기르기라는 고정 관념이
뿌리 깊이 박혀 있던 그때

평범한 소녀에서
곤충학자로 변신을 꿈꾼
마리아 지빌라 메리안은

곤충을 관찰하는 즐거움에 빠져
자신의 길을 개척한다.

누에를 기르는 양잠소에 가서
하루 종일 고치를 관찰하고

주변에 있는 많은 곤충들을 대상으로
뛰어난 세밀화를 완성하고

결혼한 후에는 자신의 아이들을 위해
직접 곤충 그림책까지 펴낸다.

1679년과 1683년에 1, 2부로 펴낸 책은
〈애벌레의 경이로운 변태와
그 특별한 식탁〉.

계속되는 연구 속에 반복하는 다짐

"내 눈으로 직접 진귀한 곤충들을 보고야 말겠어."

후원자 하나 없이 52세라는 늦은 나이에

두 딸을 데리고 가는 데만 3개월이 걸리는

남아메리카 수리남으로 곤충 탐험을 떠난 메리안

그곳에서 더위와 말라리아와 싸우면서

곤충 연구를 계속했다.

★★ 수리남 : 남아메리카의 인근 국가.
대부분 열대 우림 기후이고 연평균
기온은 20~32℃이다.

"유충은 탐욕스러울 만큼의
식욕을 자랑하지만
조금만 건드려도 몸을 민첩하게 뒤집는다."

"번데기는 약 15분간 잠시도 가만히 있지 않고
이리저리 몸을 비틀어 댔다."

"번데기에서 여섯 개의 진노랑 점이 박힌,
검고 독특한 무늬의 나방이 탄생했다."

그리고 1705년 탐험 시작 6년여 만에
세상에 결과물로 내놓은 책은
〈수리남 곤충의 변태〉.

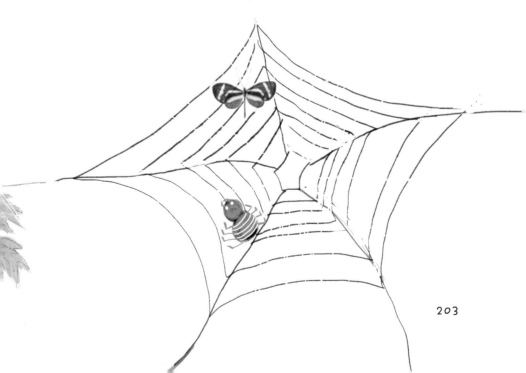

알

애벌레

번데기

나방

곤충의 한살이를

눈으로 보게 된 사람들은 놀라운 반응을 보였다.

그제야 안도의 한숨을 내쉰 메리안

"이제야 모든 사람이
곤충의 변태를 믿게 됐다."

역사가 남긴 수많은 인물 중에서
지속적인 명성과
가슴에서 우러나오는 존경을
한 몸에 받을 만한 자격을 가진 여성이 있다면
그는 마리아 지빌라 메리안일 것이다.

_(프리드리히 칼 고트롭 히르쉬, 전기 작가)

새롭게 태어나는 변태

변태란 동물이 성장하는 과정에서 큰 변화를 겪고 성체가 되는 것을 말해요. 정상적인 성장 과정에서 짧은 기간 동안 크게 형태를 바꾸는 것을 의미하기도 하지요. 포유류나 조류, 파충류처럼 기본적인 몸 구성은 변하지 않고 각 부분이 발달하는 경우는 변태라고 하지 않아요. 또한 알에서 동물이 태어나는 것도 변태는 아니에요.

알에서 부화한 곤충은 '유충'이라고 해요. 변태는 유충이 생식 능력을 가지는 '성충'으로 변하는 과정에서 일어나요. 곤충의 변태에는 완전 변태, 불완전 변태, 과변태, 무변태가 있어요. 완전 변태는 유충이 성충이 될 때 고치 안에서 지내는 번데기 상태를 거치는 경우를 말해요. 나비, 파리, 벌, 모기 등이 있지요. 불완전 변태는 번데기 상태를 거치지 않고 유충이 성충으로 바로 변하는 것이에요. 잠자리, 매미, 하루살이, 메뚜기 등이 있어요. 잠자리는 형태 변화가 비교적 큰 편으로, 유충 때는 물속에서 아가미 호흡을 하며 살다가 성충이 되면 하늘을 날게 되지요. 과변태는 초기의 유충과 후기의 유충의 모양이 바뀌는 것, 무변태는 부화 후 성충이 될 때까지 외부 생식기를 제외하고 몸의 변화가 나타나지 않고 크기만 변하는 것을 말해요. 과변태에는 꿀벌, 개미벌 등이 있고, 무변태에는 고수귀뚜라미 등이 있어요.

변태가 인정되기까지

나비가 알-애벌레-번데기 단계를 거치는 사실을 모두 알고 있지요? 하지만 이렇듯 일반화된 과학적 사실이 일반 사람들에게 받아들여진 것은 얼마 되지 않았어요. 중세와 근세까지도 유럽 사람들은 아리스토텔레스의 자연 발생설을 믿었지요. 나비와 애벌레를 별개의 존재로 여겼어요. 애벌레는 더러운 진흙이나 부패한 곳에서 자연적으로 생겨나고, 아름다운 나비는 날씨가 따뜻해지면 하늘에서 떨어지는 줄 알았지요. 17세기까지도 유럽에서는 악마가 인간을 해롭게 하려고 각종 벌레를 만들었다는 이야기가 퍼져 있었어요. 이런 이유로 사람들은 곤충에 관심을 가지거나 곤충을 연구할 생각은 아예 하지 않았어요. 때문에 변태는 쉽게 관찰되지 않았고 그 개념이 받아들여지는 데도 오래 걸렸지요.

곤충을 사랑한 메리안

마리아 지빌라 메리안(Maria Sibylla Merian, 1647~1717)은 독일 프랑크푸르트에서 스위스 인 아버지와 네덜란드 인 어머니 사이에서 태어났어요. 하지만 아버지가 일찍 돌아가셔서 어려운 환경에서 자랐지요. 메리안은 13세 때 누에 기르는 일을 도왔어요. 이때 애벌레가 고치가 되고, 고치에서 멋진 나방이 날아오르는 것을 보고 곤충의 변태에 대해 관심을 갖기 시작했어요.

메리안은 18세에 결혼했지만 결혼 생활은 순조롭지 않았어요. 메리안은 작은 공방을 열고 생계를 위해 그림을 그렸어요. 소녀들에게 그림을 가르치며 곤충을 채집하고 표본을 만드는 일도 게을리하지 않았지요. 그러다 28세 때는 채색 동판화집 〈꽃 그림책〉을 책으로 펴냈어요. 이후 계속 곤충의 변태를 관찰하던 메리안은 어머니가 돌아가신 후, 52세에 두 딸을 데리고 남아메리카의 동북부에 위치한 수리남으로 관찰 여행을 떠났어요. 살인적인 더위와 말라리아 같은 병 때문에 힘들었지만 다양한 곤충과 동식물의 생태를 관찰하는 것만으로 메리안은 즐거웠어요. 그리하여 1705년 60여 장의 동판화로 완성된 〈수리남 곤충의 변태〉라는 책을 발표했어요.

생각하는 힘을 키워 주는
어린이 지식ⓔ

<어린이 지식ⓔ> 시리즈는 감동과 재미를 주는 EBS 『지식채널ⓔ』의 내용을 어린이의 눈높이와 초등학교 교과 과정에 맞춰 주제별로 재구성했습니다.

1. 생명과 환경
생명의 탄생과 흐름, 나와 가족, 공동체에 대한 다양한 주제들을 다루어 세상에 대한 바른 시선과 다양한 지식을 제공해 준다. '태어날 때 이미 3억의 경쟁자를 이긴 게 바로 나?', '안아 주는 것만으로 생명을 살릴 수 있다?', '베풀고 살면 몸이 건강해진다?', '햄버거 때문에 지구가 위험하다?', '평생 고기를 먹지 않은 사자가 있다?' 등의 재미있는 이야기를 통해 자존감을 높여 주고, 나와 가족과 사회를 생각하게 해 주고, 더불어 살아가는 지혜를 일깨워 준다.
값 12,000원 ISBN 979-11-86082-33-1(64300)

2. 경제의 이해
경제란 무엇인지 알게 해 주고, 어린이들이 올바른 경제관념을 갖도록 해 준다. 단순히 물건을 사고파는 일 외에도, 모든 일상의 활동이 경제와 어떻게 관련돼 있는지 흥미롭게 알려 준다. '2000만 마르크로 살 수 있던 게 고작 빵 한 덩이?', '물가의 마술에 걸려 오르락내리락하는 돈의 가치?', '배도 그물도 없이 고기를 낚는 어부들이 있다?', '새 옷 한 벌 때문에 서재를 통째로 바꾸었다?', '먹을거리 3km 다이어트로 푸드 마일을 줄인다?' 등의 내용을 재미있게 알아볼 수 있다.
값 12,000원 ISBN 979-11-86082-34-8(64300)

3. 소중한 문화유산
우리 얼이 담긴 문화재, 나라를 위해 삶을 바친 위인들, 되새겨야 할 역사적 사건들을 담아 우리의 문화유산이 어떻게 지켜졌는지, 어떤 면에서 우수한지 알려 주며 문화적 자긍심을 키워 준다. '전 재산을 걸어 낡은 것들을 모은 바보가 있다?', '최초의 국어사전을 만들게 한 말모이 작전은 무엇?', '묻고 듣는 것이 세종대왕의 특별한 능력이라고?', '경부고속도로가 세운 세계적인 기록은?' 등의 해답을 찾아가는 사이 '왜', '어떻게' 우리 것들이 만들어지고 위기 속에서 이어져 왔는지 알 수 있을 것이다.
값 12,000원 ISBN 979-11-86082-35-5(64300)

4. 함께 사는 사회
전쟁과 자연재해, 기후 변화 등 국제 사회에서 벌어진 다양한 사건들을 다루며, 지구촌의 이웃과 더불어 살기 위해 무엇을 나눠야 할지 고민하게 한다. 또한 나눔을 실천하는 국제기구를 알아가면서 서로 도우며 살아가는 방법을 배울 수 있다. '가난한 환자를 직접 찾아가는 병원 열차가 있다?', '회색늑대가 사라진 숲이 왜 황폐해졌을까?', '의학 교육을 무료로 시켜 주는 나라가 있다?', '1069명의 아이를 구한 유모차 공수 작전이란?', '핵폐기물이 안전해지기까지 10만 년이 걸린다고?' 등의 답을 찾을 수 있다.
값 12,000원 ISBN 979-11-86082-36-2(64300)

5. 꿈과 진로
행복한 인생의 필수 요건인 꿈과 직업에 관한 이야기를 담아 자신의 꿈을 발견하고 이를 직업으로 실현시키기까지 어떤 과정을 거쳐야 하는지 알려 준다. 힘든 상황에서도 포기하지 않고 자신의 꿈을 현실로 만든 사람들의 이야기를 통해 바람직한 삶의 자세를 배울 수 있다. '거짓투성이 책의 작가가 빅토르 위고?', '사물의 몸과 마음으로 들어가는 신비한 능력?', '대학 중퇴자가 최고의 CEO가 될 수 있었던 비밀은?', '600년 전통 명문 학교의 주요 과목이 체육?' 등의 내용을 재미있게 만날 수 있다.
값 12,000원 ISBN 979-11-86082-37-9(64300)

'5분의 메시지'로 생각하는 힘을 기른다!

생각하는 힘을 키워 주는 『어린이 지식ⓔ』는
아이들에게 책 한 권의 지식을 넘어, 지혜를 자라나게 해 줍니다.

어린이 지식ⓔ 시리즈

6. 역사와 인물

문명을 발전시킨 도구와 사회를 바꾼 사건과 인물들을 소개한다. 인류 문명의 발전을 가져온 재미난 이야기와 다양한 정보는 역사에 대한 흥미를 불러일으키고, 우리의 일상을 만들고 변화시켜 온 살아 있는 역사를 만나게 해 준다. '인류의 발전은 두 손에서 시작됐다?', '1582년 로마의 달력에서 열흘이 통째로 사라졌다?', '지구가 돈다는 사실을 증명해 낸 것이 교수의 장난감?', '18세기 사람들은 이슬이 나비가 된다고 믿었다?', '왜 나폴레옹은 자신을 그린 화가를 미워했을까?' 등의 궁금증을 풀 수 있다.
값 12,000원 ISBN 979-11-86082-38-6(64300)

7. 창의적 도전

세상을 새롭게 변화시킨 사람들의 새로운 발상과 상상력을 소개해, 어린이들의 창의적인 사고력을 키워 준다. 생각을 일깨워 주고, 바꿔 주고, 다르게 생각하도록 영감을 주는 이야기는 '사물을 어떻게 바라보고, 어떤 방식으로 생각할 것인가?'라는 것을 깊이 생각하게 한다. '청중들의 소음만으로 이루어진 음악이 있다?', '변기를 전시하면 예술 작품일까? 아닐까?', '꽃과 열매 그림이 멀리서 보면 사람 얼굴이라고?', '피카소가 한국 전쟁의 참상을 그린 이유는?' 등의 이야기를 만날 수 있다.
값 12,000원 ISBN 979-11-86082-39-3(64300)

8. 과학과 기술

과학과 기술이 어떻게 시작되고 발달해 왔는지에 대한 이야기가 실려 있다. 새로운 아이디어로 인류의 삶을 바꿔 놓은 발명 이야기를 통해 과학적인 잠재력을 깨우고, 과학에 대한 지식을 배우게 한다. '달의 뒤편으로 간 남자가 있었다?', '라이트 형제가 발명한 비행기 원리는 자전거에서 얻었다고?', '엘리베이터가 100층을 오르는 데 수만 년이 걸렸다고?', '혈액이 온몸을 한 바퀴 도는 데 1분밖에 안 걸린다고?', '깡패에게 돈을 빼앗긴 곳을 알려 주는 지도가 있다?' 등 흥미로운 정보가 가득하다.
값 12,000원 ISBN 979-11-86082-40-9(64300)

9. 자연과 생태계

생태계의 신비한 이야기를 통해 동식물의 생존 법칙과 인간이 자연과 공존하는 방법을 알려 준다. 깊이 있는 자연 탐구의 기회를 주는 것은 물론 소중한 자연을 지키고 보존해야 함을 깨닫게 한다. '식물도 화가 나면 공격한다고?', '달리기에서 타조가 치타를 앞지를 수 있을까?', '생명이 있는 곳 어디에나 있는 백색 결정체는 무엇일까?', '깊고 어두운 해저 2700m, 생존의 법칙은 무엇일까?', '다람쥐의 볼에 도토리 12알을 넣을 수 있다고?' 등의 의문을 풀 수 있다.
값 12,000원 ISBN 979-11-86082-41-6(64300)

10. 다양한 가치관

어떤 가치관을 가지고 세상을 살아가야 할지 생각해 볼 수 있는 이야기가 담겨 있다. '어떻게 살아야 한다.'라는 정의를 내려 주지는 않지만 올바른 가치관을 세우기 위해 꼭 필요한 분별력을 기를 수 있다. '미국의 시내 한복판에 북한을 소개하는 식당이 있다?', '20점 만점에 10점만 넘으면 원하는 대학에 갈 수 있는 나라는?', '나의 모든 이야기를 잘 들어 주는 컴퓨터가 있다?', '글짓기를 잘하는 사람은 글쓰기를 못한다?' 등의 재미있는 이야기를 만날 수 있다.
값 12,000원 ISBN 979-11-86082-42-3(64300)